ERLÄUTERUNGEN UND DOKUMENTE

Gotthold Ephraim Lessing
Emilia Galotti

Von
Gesa Dane

Reclam

Lessings Trauerspiel *Emilia Galotti* liegt unter Nr. 45 in Reclams Universal-Bibliothek vor. Die Seiten- und Zeilenangaben in den Erläuterungen beziehen sich auf diese 1970 revidierte und 2001 auf der Grundlage der neuen amtlichen Rechtschreibregeln durchgesehene Ausgabe.

RECLAMS UNIVERSAL-BIBLIOTHEK Nr. 16031

Gesamtherstellung: Reclam, Ditzingen. Printed in Germany 2015
RECLAM, UNIVERSAL-BIBLIOTHEK und
RECLAMS UNIVERSAL-BIBLIOTHEK sind eingetragene Marken
der Philipp Reclam jun. GmbH & Co. KG, Stuttgart
ISBN 978-3-15-016031-2

www.reclam.de

Inhalt

Anton Graff: Gotthold Ephraim Lessing
Öl auf Leinwand, um 1770
(Herzog August Bibliothek, Wolfenbüttel)

I. Wort- und Sacherklärungen

Personen

Die Figuren des Dramas sind von Lessing erfunden. Mit den Eigennamen ist ein Hinweis auf die römische Geschichte verbunden: durch ›Appiani‹ und ›Claudia‹ auf den Decemvirn Appius Claudius; zudem verweisen Namen auf ein italienisches Adelsgeschlecht (Guastalla), das zur Region Emilia gehört (vgl. II). Es gibt eine Reihe ›redender‹ Namen: Orsina (lat. *orsa* ›die Bärin‹), Angelo (ital., ›Engel‹), im Fall von Camillo Rota (ital., ›Rad‹; span., ›höchster Gerichtshof‹) liegt mit dem Zusatz »einer von des Prinzen Räten« eine Paranomasie vor (vgl. Birus, 1978, S. 83 f.; S. 146, Anm. 79).

Erster Aufzug. Erster Auftritt

5,2 *Kabinett:* (frz. *cabinet*) kleiner Raum, hier: Arbeitsraum des Prinzen.
Prinzen: (lat. *princeps*) der Erste, der Ranghöchste, hier im Sinn von ›regierender Fürst‹.

5,5 *durchläuft:* überfliegt.

5,11 f. *Bruneschi:* gespr. [bruneski].

5,13 *lieset:* liest; dieser nicht mehr gebräuchliche Flexionssilbenvokal findet sich z. B. auch 7,13 *gemalet*; 7,23 *zurechtstellet*; 8,20 *zeiget*; 8,25 *verziehet*; 9,33 *ziemet*; 11,13 *kehret*; 12,13 *drehet*.
gefodert: bis ins 18. Jahrhundert verwendete Nebenform von ›fordern‹.

5,19 *Marchese:* gespr. [markēse], ital. Adelstitel, in der Ranghöhe zwischen Baron und Graf anzusiedeln.

5,26 *geschickt:* d. i.: … ist geschickt worden; man hat den Marchese rufen lassen.

5,29 *Läufer:* laufender Bote.
5,31 *Villa:* bis ins 19. Jahrhundert: vornehmes, herrschaftliches Landhaus.

Zweiter Auftritt

6,17 *die Kunst geht nach Brot:* Ein Sprichwort, das bereits von Martin Luther verwendet wurde: »Ut dicitur Germanica proverbio: Die kunst geht nach brot« (Martin Luther, Vorlesungen über 1. Mos. Kap. 28,20, in: Weimarana, Bd. 49, vgl. auch Bd. 50, S. 448; Bd. 51, S. 661 [Luthers Sprichwörtersammlung]; Bd. 29, S. 379).
6,23 *nicht vieles; sondern viel:* vgl.: »Aiunt enim multum legendum esse, non multa« (C. Plini Caecili Secundi Epistolarum Libri Decem. VII,9. S. 206).
6,24 *leer:* mit leeren Händen, ohne eine Bild.
7,3 *sitzen:* zum Porträt sitzen.
7,4 *Stücke:* hier: Bilder, Gemälde.

Dritter Auftritt

7,8 *mag!:* nun gut!, es sei (frz. *soit* nachgebildet).
7,11 *beschwerliche:* lästige, anstrengende.
7,13 *Grund:* Grundierung, erste Farbschicht.
7,18 *Behäglicher:* Zufriedener.

Vierter Auftritt

7,21 f. *verwandt:* umgewendet, umgedreht.
7,24 *Schranken:* Grenzen; in der Handschrift und im Erstdruck stand »Gränzen«.
7,25 f. *Vieles von dem Anzüglichsten … außer den Grenzen:* In der Schrift *Laokoon oder über die Grenzen der Malerei und Poesie* zieht Lessing die Grenzen zwischen Malerei und Dichtkunst. Er bestimmt dabei deren Verschiedenheit, aus der heraus sich auch das hier Ange-

Illustration zu *Emilia Galotti* (I, 4)
Kupferstich von Johann Wilhelm Meil (1733–1805)

sprochene erklärt. Die Dichtkunst ist »eine sichtbare fortschreitende Handlung […], deren verschiedene Teile sich nach und nach, in der Folge der Zeit eräugnen«, dagegen ist die Malerei »eine sichtbare stehende Handlung, deren verschiedene Teile sich nebeneinander im Raume entwickeln«; außerhalb der Grenzen der Malerei, die die Schönheit zeigen kann, aber liegt damit die Möglichkeit, »Schönheit in Reiz« verwandeln zu können. »Reiz ist Schönheit in Bewegung, und eben darum dem Maler weniger bequem als dem Dichter. Der Maler kann die Bewegung nur erraten lassen, in der Tat aber sind seine Figuren ohne Bewegung. Folglich wird der Reiz bei ihm zur Grimasse. Aber in der Poesie bleibt er, was er ist; ein transitorisches Schönes, das wir wiederholt zu sehen wünschen.« (G. E. Lessing, *Laokoon oder Über die Grenzen der Malerei und Poesie*, Stuttgart 1964 [u. ö.], S. 113; 157)

8,1 *Original:* hier: das gemalte Modell.

8,4 *die plastische Natur:* die bildende Natur.

8,5 *Abfall:* Beschädigung, Einschränkung.

8,6 *Verderb:* Verderben.

8,8 *noch eins:* noch einmal.

8,9 f. *dem ungeachtet:* dennoch.

8,23 f. *Grazie:* hier: eine Anmutige; die drei Grazien (griech. Chariten) sind die anmutigen Töchter des Göttervaters Zeus und der Eurynome.

8,27 *Grimasse:* (frz. *grimace*) verzerrende Entstellung der Gesichtszüge; vgl. auch Anm. zu 7,25.

8,28 f. *wollüstigen Spötter:* wollüstig hier im Sinne von ›genießend, genüsslich‹; gemeint ist der Mund der Gräfin, eine Anspielung auf deren Schlagfertigkeit.

8,34 *hervorragenden:* hervorstehenden.

Medusenaugen: Medusa, eine der drei Gorgonen, war ein Ungeheuer, das jeden, der ihm direkt in die Augen schaute, versteinern ließ.

8,36 *redlich:* ehrlich, redlich, aber auch: tüchtig.

9,1 *aus diesem Bilde … Charakter der Person:* Anspielung auf die Physiognomik und deren Überzeugung, aus den Gesichtszügen einer Person könne auf deren Charakter geschlossen werden.

9,3 f. *trübsinniger Schwärmerei:* depressive Grundstimmung; vgl. auch Anm. zu 53,21.

9,7 *als warm er es bestellte:* ›als‹ konnte im 18. Jahrhundert als Vergleichspartikel synonym mit ›wie‹ verwendet werden.

9,15 *bald:* fast, beinahe.

9,17 f. *kömmt es … nicht bei:* kommt es nicht heran.

9,19 *Vorwürfen:* Gegenstände, Sujets.

9,23 f. *des Künstlers eigene Gebieterin:* die Frau oder Geliebte des Künstlers.

9,29 *verwenden:* abkehren, abwenden.

9,31 *Vegghia:* (ital.; gespr. [veg-gia]) Abendgesellschaft.

9,32 *vorgekommen:* begegnet.

9,35 *Sabionetta:* Anspielung auf eine historische Begebenheit, die mit dem Namen der Gonzagas verbunden ist; Sabionetta war der Sitz einer Nebenlinie der Guastalla, auf den die Fürsten einen Erbanspruch hatten und den sie in langjährigen Prozessen durchsetzten.

9,36 *Degen:* (mhd. *degen* ›Krieger, Held‹); heute noch in ›Haudegen‹.

bieder: rechtschaffen, brav.

10,3 f. *dass man den Künstler … vergisst:* Lessing nimmt hier eine Überlegung aus der *Hamburgischen Dramaturgie* auf: »Das wahre Meisterstück, dünkt mich, erfüllet uns so ganz mit sich selbst, dass wir des Urhebers darüber vergessen; dass wir es nicht als das Produkt eines einzeln Wesens, sondern der allgemeinen Natur betrachten.« (G. E. Lessing, *Hamburgische Dramaturgie*, Stuttgart 1981 [u. ö.], S. 189)

10,17 *Raphael:* Raffaelo Santi (1483–1520), ital. Maler.

11,10 *Schilderei:* Gemälde.

wovor: vor denen.

11,14 *versagt:* vergeben.

11,23 *Galerie:* Bildersaal mit den Kunstsammlungen eines Fürsten.

11,24 *Studio:* Entwurf, Übungsstück; hier: nachträgliche Kopie.

11,30 *Schatzmeister:* Vermögensverwalter.

11,35 *O des eifersüchtigen Künstlers!:* O, der eifersüchtige Künstler; der Genitiv im Anschluss an die Interjektion ›o‹ hatte die Funktion, die den Ausruf veranlassende Person oder Sache anzugeben, vgl. z. B. auch: »O, der rauen Tugend!« (27,3); »o des höllischen Gaukelspieles!« (85,5 f.).

Fünfter Auftritt

12,4 *wohlfeil:* billig.

12,7 *Murrkopf:* unwirrscher Mensch.

12,12 *neidisch:* hier: eifersüchtig.

Sechster Auftritt

12,18 f. *war … gewärtig:* erwartete.

12,30 f. *einkömmt:* in den Sinn kommt.

12,31 *in gutem Ernste:* aufrichtig, ernsthaft.

12,32 *verschworen:* schwören.

13,4 *Massa:* Herzogtum in der Toskana.

13,5 *Händel:* Angelegenheiten; hier: Liebesgeschichten.

13,10 *darf:* braucht.

13,21 *vermengen:* verwechseln.

13,27 *Beziehung:* Andeutung, Bezug.

13,29 *melancholischsten:* schwermütigsten, trübsinnigsten.

14,8 f. *Ich soll ja noch hören:* Ich muss ja noch hören.

14,9 *versprochen:* verlobt.

14,16 *Larve:* Maske.

14,17 *Witz:* Scharfsinn; vgl. auch Anm. zu S. 68,33.

14,24 f. *würdiger:* angesehener, schätzenswerter.

14,26 *verbinden:* verpflichten.
14,31 *Piemont:* Landschaft in den ital. Westalpen.
14,33 *Missbündnis:* Heirat zwischen Angehörigen unterschiedlicher Stände, hier bezogen auf die in Aussicht genommene Ehe zwischen dem Grafen Appiani und Emilia Galotti, der Tochter eines Obersten.
14,34 *Zirkel der ersten Häuser:* die gesellschaftlich wichtigsten Familien.
14,36–15,1 *Zeremoniell:* (lat. *caerimnia* ›feierliche religiöse Handlung‹) Zeremonie; hier: festgelegte gesellschaftliche Umgangs- und Verhaltensformen.
15,8 *Zuverlässig:* bestimmt, sicher.
15,20 *Er:* Anredeform, die die Hierarchie betont.
15,24 *Guastalla:* ital. Stadt, am Po, nördlich von Parma, gelegen.
16,15 *hämisch:* hinterhältig, heimtückisch.
16,16 *verhehlen:* verbergen, verstecken.
16,25 *in die Seele der Orsina schwören:* bei der Seele der Orsina schwören, nachdrückliche Beteuerungsformel für die Aufrichtigkeit des Gesagten.
16,26 *Fährte:* Spur.
16,28 *betaueren:* bedauern.
17,1 *vertrauen:* anvertrauen.
17,10 *Raub der Wellen:* metaphorisch für das leidenschaftliche Umhergetriebensein des Prinzen und die daraus erwachsende Gefährdung; der Bildbereich Meer, Wellen und Seefahrt umfasst im weitesten Sinne das Schicksal (vgl. Henkel/Schöne, 1978, Sp. 1453–1484).
17,31 *absehe:* erkennen, einschätzen kann.
17,34 *raten:* helfen.
18,1 *Streich:* Schicksalsschlag.
18,5 *Lustschlosse:* im 17.–19. Jahrhundert: Landschloss, zu Erholung und Geselligkeit angelegt.
Dosalo: Dosolo, am Po gelegene Ortschaft.
18,11 *mit dem Bedinge:* unter der Bedingung.

Siebenter Auftritt

18,21 *Pfeil:* Pfeil Amors, des Liebesgottes.
18,22f. *Geschmachtet:* hier: sehnen; eigentl. Hunger leiden, war im 18. Jahrhundert auch auf innere Befindlichkeit übertragbar.
18,24 *zärtliche:* weiche.
18,25 *bei einem Haar:* um ein Haar, fast.
18,29 *um diese nämliche Stunde:* in genau dieser Stunde.
18,30 *Dominikanern:* Mönchsorden der Dominikaner, 1216 vom hl. Dominikus in Toulouse gestiftet.
19,7 *Dasmal:* diesmal.
19,11 *Vorsprecherin:* Fürsprecherin.

Achter Auftritt

19,15 *erbrochen:* geöffnet; gemeint sind die durch das Aufbrechen des Siegellacks geöffneten Papiere.
19,16 *darauf zu verfügen:* daraufhin anzuordnen.
19,22f. *die Ausfertigung … anstehen:* die Ausführung des bereits Bewilligten aufschieben.
19,28 *stutzig:* erstaunt, verwundert.
20,1 *Anstand:* hier: Aufschub.
20,4 *ein Mehres:* ein Weiteres.

Zweiter Aufzug. Erster Auftritt

21,6 *sprengte:* sprengen: jagen, schnell reiten.

Zweiter Auftritt

21,16 *Wenn es anders:* insofern, falls es.
21,23 *Unstreitig:* ohne Zweifel, sicherlich.
21,24 *mit dem Putze:* mit der Toilette, dem Zurechtmachen und Schmücken.

22,3 *wann:* ›wenn‹ und ›wann‹ konnten im 18. Jahrhundert beide gleichermaßen konditional und temporal benutzt werden.
22,8 *verbitten:* ab-, zurückweisen.

Dritter Auftritt

22,23 *vogelfrei:* rechtlos; jeder konnte einen, der für vogelfrei erklärt worden war, ungestraft an Leib und Leben schädigen.
23,1 *Pisa:* Hauptstadt der toskanischen Provinz gleichen Namens.
23,8 *Pistolen:* Goldmünzen mit hohem Anteil an Edelmetall, von Philipp II. eingeführt.
23,11 *gleichviel:* gleichgültig.
23,11 f. *wie hoch du deinen Kopf feil trägst:* wie teuer du deinen Kopf verkaufst.
23,29 *wo:* wenn.
23,30 *verziehest:* zögerst.
23,34 *Wenn:* vgl. Anm. zu 22,3.
24,3 *Zeugen:* Trauzeugen.
24,7 *Equipage:* (frz.) herrschaftliche Kutsche.
24,10 *Vorreiter:* vorausreitender Diener.
24,11 *handfesten:* kräftigen.
24,22 f. *Wo du plauderst:* wenn, falls du etwas verrätst.

Vierter Auftritt

24,33 *deines Anblicks so zu verfehlen:* dich so knapp zu verpassen, nicht zu sehen; der Genitiv ist im Nhd. zugunsten des Akkusativs oder einer präpositionalen Bestimmung zurückgedrängt worden.
25,1 *einsprechen:* vorsprechen, Besuch machen.
25,32 *auszustechen:* ausstechen: übertreffen.
26,2 f. *aufsetzen:* aufsitzen: auf das Pferd steigen.
26,6 *verderbt:* verdirbt; im Unterschied zum Nhd. wird

hier das starke intransitive Verb (etwas verdirbt) vom schwachen transitiven (jemand verderbt etwas) unterschieden.

26,7 *besorgest:* fürchtest.

26,8 *Ich besorg auch so was!:* Als wenn ich so etwas fürchtete!

26,14 *gnädig:* freundlich, leutselig.

26,28 *einbilde:* vorstelle.

26,29 *Wollüstling:* vgl. Anm. zu 8,28.

Fünfter Auftritt

27,3 *wenn anders:* insofern.

Sechster Auftritt

27,29 *brünstiger:* brennender, inniger.

28,4 *Das hat meine Emilia nicht wollen:* nicht tun wollen; ohne Ergänzung mit einem Vollverb, kann der Infinitiv des Hilfsverbs die Funktion des Vollverbs als Partizip Perfekt (hat gewollt) bekommen.

28,9 *mit eins:* auf einmal.

28,29 *wann:* vgl. Anm. 22,3.

28,31 *ward:* wurde.

28,31 f. *Das heilige Amt:* die heilige Messe.

29,27 *Halle:* Vorraum der Kirche.

29,29 *standhalten:* stehenbleiben.

29,34 *fällt es mir noch bei:* fällt es mir noch ein.

30,6 *Die Furcht hat ihren besondern Sinn:* zunächst als Teil der Figurenrede Emilias vorgesehen, wie aus einem Brief an den Bruder Karl hervorgeht (vgl. Brief vom 10. Februar 1772, s. Kap. III,2).

30,11 *nicht ohne Missfallen:* mit Wohlgefallen.

30,20 *itzt:* jetzt.

31,7 *nehmen:* benehmen.

31,12f. *unbedeutende Sprache:* nichtssagende hohle Sprache, in der die Worte nichts bedeuten.
31,13 *Galanterie:* (frz.) Höflichkeit, freundliche Zuvorkommenheit.

Siebenter Auftritt

31,25 *mit vor sich hin geschlagenen Augen:* mit gesenktem Blick.
31,27f. *Ich war mir Sie in dem Vorzimmer nicht vermutend:* ich vermutete Sie nicht in dem Vorzimmer.
31,31 *Aufwallung:* plötzliche starke Gefühlsbewegung.
31,33 *schwanger:* in sich bergend, vgl. etwa auch ›unheilschwanger‹.
32,15 *wenn ich ihn mir denke:* wenn ich ihn mir vorstelle, an ihn denke.
32,20 *ich urteile:* ich meine.
33,5f. *sich … schickte:* passte, angemessen wäre.
33,6 *gram:* böse.
33,24 *wie sah ich:* wie sah ich aus.
33,29f. *Kleid … fliegend und frei:* fließendes, leichtes Gewand, eines, das nicht im Stil der höfischen Mode des 18. Jahrhunderts gearbeitet war.

Achter Auftritt

34,14 *argwohnen:* argwöhnen; im 18. Jahrhundert noch mit und ohne Umlaut möglich.
34,16f. *noch gar nicht ausgelaufen:* noch nicht den Hafen verlassen.
34,19 *ehegestern:* vorgestern.
34,28f. *ich sei es nicht schuldig:* ich sei dazu nicht verpflichtet; ›es‹ ist der alte Genitiv des Personalpronomens (einer Sache schuldig sein).

Neunter Auftritt

35,9f. *Geschäft an Sie:* Auftrag für Sie.

Zehnter Auftritt

35,19f. *vorzüglichen Gnade:* Gnade, die den Empfänger besonders auszeichnet und bevorzugt.

35,30 *ruhmredig:* aufschneiderisch, angeberisch.

36,26 *verbitten:* ablehnen, ausschlagen.

37,4f. *verzweifelt naiv:* ›verzweifelt‹ dient hier zur nachdrücklichen Verstärkung des folgenden Adverbs, im Sinne von ›besonders naiv‹.

37,17 *Vasall eines größern Herrn:* als landfremder Adliger ist Appiani nicht Untertan des Prinzen.

37,30 *Was beliebt?:* wie bitte?

37,31 *sonach:* dann, demnach.

37,32 *Zeremonie:* Hochzeitszeremonie, Trauung.

38,4 *ein ganzer Affe:* ein richtiger Affe.

38,10f. *ich fodere Genugtuung:* Aufforderung zum Duell, um die durch die Beschimpfung gekränkte Ehre wiederherzustellen.

38,18f. *Spaziergange:* Umschreibung für Duell, die Notwendigkeit der Anspielung liegt in den herrschenden Duellverboten begründet (vgl. Frevert, 1991).

Eilfter Auftritt

38,23 *Eilfter:* eilf: bis in das 18. Jahrhundert hinein für elf; aus dem Indogermanischen *ein-lif* ›eins drüber‹, nämlich über zehn.

38,25 *Nichtswürdiger:* Verächtlicher, Erbärmlicher.

38,33 *des Ganges … überhoben:* den Gang zum Prinzen abgenommen, ihn überflüssig gemacht.

Dritter Aufzug. Erster Auftritt

40,11 *genommen:* benommen.
40,12f. *gescheuter Mann:* gescheiter Mann.
40,16f. *in die Schanze schlagen:* aufs Spiel setzen.
40,17 *sahe:* Nebenform zu ›sah‹, der schwachen Flexion des Verbs (blickte) nachgebildet.
40,19 *in Harnisch zu jagen:* in Harnisch bringen, wütend machen.
41,1 *Nachdem es fällt:* wie es kommt, den Umständen entsprechend.
41,16 *abgeredet:* ausgemacht, verabredet.
41,21 *mehr als halbes Weges:* Genitiv der starken Adjektivflexion, im Nhd. inzwischen der schwachen Flexion angeglichen zu ›des halben Wegs‹ oder ›halben Wegs‹.
41,28f. *stünd ich dafür:* stünde ich dafür (Inf.: dafür stehen), einstehen, sich verbürgen.
41,33 *selbst funfziger:* als fünfzigster, mit 49 anderen.
41,36 *eher:* ehedem, früher.
42,1 *gewaltsamen Entführung:* Anspielung auf Frauenraub und -entführung, die im Recht z. T. synonym mit ›Notzucht, Vergewaltigung‹ waren, nämlich als Ehrverletzung verstanden wurden (vgl. Kaufmann, 1984).
42,6 *eräugnen:* ereignen.
42,21 *Anstalten:* Vorbereitungen.
42,24 *hart:* nahe.
Planke: am Zaun, Umzäunung.
des Tiergartens: des Tiergeheges, häufig in der Nähe von Landschlössern für die fürstliche Jagd angelegt.
42,29 *Hülfe:* Hilfe.
42,36 *Wornach:* wonach, nach was.
43,1f. *eine Maske:* ein Maskierter.
43,10 *muss Sie nicht sehen:* darf Sie nicht sehen.

Zweiter Auftritt

43,16 *in jedem Schlage:* an jeder Tür der Kutsche. *Bedienter:* Diener.
43,17 *Streich:* Anschlag.
43,18 f. *gemächlich:* langsam.
43,20 f. *Endlich:* schließlich.
43,21 *Schliche:* Schleichwege, auch: Tricks.
43,24 *die Affen:* beleidigende Äußerung (vgl. auch Anm. zu 38,4).
43,25 *Jawohl:* in der Tat.
43,28 *Kammerherr:* Adliger im Hofdienst.
43,32 f. *Wind gehabt haben:* (aus der Jägersprache) erfahren haben.
43,33 *nicht … unbereitet:* nicht unvorbereitet.
44,6 f. *das Bad mit bezahlen:* ausbaden, am Schaden mit beteiligt sein; ›die Suppe mit auslöffeln‹.
44,9 *ehrlichen:* tüchtigen, tapferen.
44,9 f. *Ob mir sein Tod schon:* obschon mir sein Tod, die konzessive Konjunktion war im 18. Jahrhundert noch trennbar.
44,11 *Vierteil:* vierte Teil, Viertel.
44,13 *als:* wie.
44,17 *Blitz!:* Ausruf, signalisiert Erstaunen, Überraschung; auch als Fluch gebraucht.
44,22 *Ihre Kundschaft:* Gunst.
44,32 *Knicker:* Geizhals.

Dritter Auftritt

45,10 *dauren:* (an-)dauern.
45,22 *das Vornehmste:* das Wichtigste.

Vierter Auftritt

46,9 *Emilien:* Dativ; im 18. Jahrhundert wurden Eigennamen nach der ›schwachen‹ Deklination dekliniert.
46,27 *nach ihnen ausgehen:* gehen, um sie zu suchen.
46,32 f. *glückliches Unglück:* Oxymoron, rhetorische Figur, die zwei einander widersprechende Begriffe, miteinander verbindet (vgl. auch Anm. zu 80,15).
47,3 *ohnfern:* nicht weit, nah.
47,31 *floh:* eilte.
47,34 *nachsetzen:* verfolgen.

Fünfter Auftritt

48,9 *Sie sind doch wohl?:* Sie sind doch wohlauf? im Sinne von: Sie sind doch unverletzt?
49,5 *genugsam:* genug.
49,6 *Zufall:* Unfall, Vorfall.
49,11 *endlichen:* unwiderruflichen, endgültigen.
49,14 *abhangen:* abhängen.

Sechster Auftritt

50,18 *Das möchte noch sein:* das ginge noch an.
50,28 *innerhalb:* in den Kulissen.

Siebenter Auftritt

51,5 *Unglücklicher:* Unglückseliger, Verwünschter.

Achter Auftritt

51,26 *in herrschaftlichen Angelegenheiten:* in Angelegenheiten, die die Herrschaft, das Staatsgeschäft betreffen; ›herrschaftlich‹ umfasste alle Angelegenheiten, die die Vorrechte von Adligen betrafen.

52,23 *Ist es erhört:* hat man je davon gehört.
53,10 *der Allerreinesten:* der Jungfrau Maria.
53,11 *Bubenstück:* üble Tat, Schurkenstück.
53,15 *Kitzels:* Reiz, Lust.
53,18 *Galle:* mit übermäßiger Gallenfunktion wurden in der Medizin noch während des 18. Jahrhunderts Gemütszustände wie Schwermut (Melancholie), aber auch Zorn erklärt; heute noch in ›Gift und Galle‹.
Geifer: Speichel, bildlich für Wut.
53,21 *schwärmen:* unsinnig reden.

Vierter Aufzug. Erster Auftritt

54,5 *als:* vgl. Anm. zu 9,7.
54,7 *Licht:* Klarheit, Aufklärung.
55,5 *auf die Seele gebunden:* nachdrücklich gebeten, ›ans Herz gelegt‹.
55,8 f. *Knall und Fall:* plötzlich.
55,14 *verwiesen:* verweisen (Inf.), rügen, tadeln.
55,16 *betreten lässt:* erwischen, blicken lässt.
55,19 *bedungen:* als Bedingung verabredet, ausgemacht.
55,21 *eräugnen:* vgl. Anm. zu 42,6.
55,27 *Vorstellung:* Überlegung, Hinweis.
55,28 f. *ausgefodert:* zum Duell gefordert.
56,36 *Ich will Rede!:* Ich will eine Erklärung, eine Rechtfertigung.
57,15 f. *voritzo:* vorerst, erst einmal; ›itzo‹ enthält noch die alte Adverbialendung.
57,18 *einfältig:* einfach.
57,28 *Traun!:* bekräftigend für ›wahrhaftig‹ oder ›bei meiner Treu‹.

Zweiter Auftritt

58,13 *auf Kundschaft:* um zu kundschaften.
58,17 *elenden Wortwechsel:* unbedeutenden, kleinlichen Wortwechsel.

Dritter Auftritt

59,5 *gar:* ganz.
59,6 *zu:* in.
59,7 *Augendiener:* Schmeichler.
59,21 *eines … Briefes erwähnte:* bis ins 19. Jahrhundert hinein war es möglich, ›erwähnen‹ sowohl mit dem Genitiv als auch mit dem Dativ zu verbinden.
60,2 f. *das Gequicke, das Gekreusche:* das Gequieke, das Gekreische.
60,9 *Hofgeschmeiß:* Geschmeiß meint Ungeziefer; hier eine Beschimpfung der Hofleute.
60,15 *Schnickschnack:* überflüssiges Gerede.
60,34 f. *ausgemacht:* klar, sicher.
61,26 *Frauenzimmer:* Frau, urspr. das Frauengemach.
ekel: ekelhaft.
61,36 *ob wir … gleich:* vgl. Anm. zu 44,9 f.
62,4 *Stock:* von ›Baumstumpf‹, stumpfer, roher Mensch.
62,14 *Vorsicht:* Vorsehung.
62,19 *Frevel:* Verfehlung.
62,25 f. *es … imstande:* dazu imstande.

Vierter Auftritt

62,32 *unentschlüssig:* unentschlossen.
63,1 *quer über den Saal:* quer über die Bühne; d. h. innerhalb des Bühnengeschehens: durch den Saal.

Fünfter Auftritt

64,1 *abmüßigen:* entfernen.
64,10 *hieher:* hierher.
64,16 *Unfall:* hier: Unglück.
65,9 *steif:* gerade, fest.
65,17 *möchten:* könnten.
65,35 *Zuverlässig:* sicher.
66,8 *sich ... trollen müssen:* die Welt verlassen, sterben.
66,18 *Vorsicht:* vgl. Anm. zu 62,14.
66,19 *um den Hals reden:* durch Reden riskieren, mit dem Tode bestraft zu werden, ›um Kopf und Kragen reden‹.
66,23 *Spießgeselle:* Komplize; urspr. Waffenbruder.

Sechster Auftritt

66,32 *Nun vollends!:* Auch das noch!
67,28 *meine Schuldigkeit beobachte:* meiner gesellschaftlichen Pflicht nachkomme.
67,29 *gemach:* langsam.
68,8 *lassen ... ins Wort:* auf ein Gespräch einlassen.

Siebenter Auftritt

68,33 *Wahnwitzige:* Verrückte; ›Witz‹, urspr. ›Verstand‹, ›Scharfsinn‹; eine, deren Scharfsinn vom Wahn zerstört wurde.
69,2 *leicht:* vielleicht.
69,25 *beiher:* nebenbei.
70,8 *Inbrunst:* Brunst, Brand, Glut: bezogen auf emotionale Befindlichkeit; vgl. auch Anm. zu 27,29.
70,16 f. *schäumet:* vor Wut schäumen, toben.
70,23 *Gewehr:* Waffe.
70,25 *Schubsäcke:* Taschen an Kleidungsstücken.
71,12 *um Ihre Tochter:* wegen Ihrer Tochter.
71,15 *Entzückung:* Ekstase.

71,15 *Phantasie:* Vorstellung.

71,17 *Bacchantinnen:* ausgelassene Begleiterinnen von Bacchus, dem antiken Gott der Fruchtbarkeit und des Rausches.
Furien: Rachegöttinnen.

Achter Auftritt

72,27 f. *sich findend:* sich fügend, sich abfindend.

Fünfter Aufzug. Erster Auftritt

74,6 *Arkade:* (lat. *arcus* ›Bogen‹) Bogengang auf Säulen.

74,15 *Eurer Durchlaucht:* Partizipialkonstruktion zu ›durchleuchten‹, also durchstrahlend; Anrede für einen Angehörigen des hohen Adels.

74,16 *Zufalle:* Zwischenfall.

75,3 f. *Neidhart:* urspr.: streitbarer Kämpfer; hier neidischer Mensch.

75,7 *aus dem Gesichte:* aus dem Blick.

Zweiter Auftritt

75,19 *für Eifersucht:* aus Eifersucht.

75,24 *Deine Sache wird ein ganz anderer zu seiner machen!:* »Die Rache ist mein, ich will vergelten, spricht der Herr« (Röm. 12,19).

75,28 *vergälle:* verderbe.

75,29 *gebüßet:* befriedigt.

Dritter Auftritt

76,31 *vors Erste:* fürs Erste, zunächst.

77,21 *Hofschranze:* abwertend für ›Höfling‹ oder jemanden, der am Hof verkehrt.

Fünfter Auftritt

78,8 *unanständig:* ungehörig, nicht dem Anstand entsprechend.
78,9 *fodern lassen:* auffordern, vorladen.
78,18 *verkümmert:* verkleinert.
79,6 *gegen Marinelli:* in Richtung auf Marinelli.
79,8 *mitnichten:* keineswegs.
79,22 *bestellet:* ernannt.
80,6 *Buben:* Schurken.
80,14 *trotz Ihnen:* ebenso wie sie.
80,15 *das gegründetste Vorurteil:* Oxymoron, hier: contradictio in adjecto.
81,4 *verstatten:* zulassen, gestatten, erlauben.
81,13 *darauf anzutragen:* darauf zu dringen.
81,17 *fein:* genau.
81,20 *schmeichelhaft:* schmeichelnd.
81,30f. *unbescholtene Tugend:* unbezweifelbare Tugend.
81,33 *alleranständigste:* angemessenste; mit dem besten Ruf.
81,35f. *einer der würdigsten Damen:* einer der angesehensten Damen.
82,10 *Geck:* Narr.
Sibylle: in der Antike eine der Priesterinnen, die im Zustand der Ekstase zukünftige Gefahren voraussagten – hier auf Orsina bezogen.
82,29 *Freistatt der Tugend:* Ort, an dem die Tugend geschützt ist.

Sechster Auftritt

83,14 *verstünde:* verständigt hätte.

Siebenter Auftritt

85,1 *Tone:* Stoff, Lehm.
85,6 *Gaukelspieles:* Täuschung, Verstellung.

85,34 f. *Nichts Schlimmers zu vermeiden:* Anspielung auf Aurelius Augustinus, der nachdrücklich gegen den Selbstmord eintritt: »Doch haben sich, sagt man, einige heilige Frauen in Verfolgungszeiten, um ihre Unschuld vor Angriffen zu retten, in die reißende Strömung der Flüsse geworfen und so ihren Tod gefunden, und doch wird ihr Märtyrertum in der katholischen Kirche verehrungsvoll gefeiert. Über sie möchte ich kein unbesonnenes Urteil abgeben« (Augustinus, *Vom Gottesstaat*, München 1977, I,26,45 f.).

86,16 *Sie erriete:* Ihre Absicht kennte.

86,19–21 *Ehedem wohl gab es einen Vater:* vgl. Kap. II.

86,20 *den ersten, den besten:* der nächstbeste.

86,27 *Eine Rose gebrochen, ehe der Sturm sie entblättert:* Die Rose ist in der emblematischen Tradition als Sinnbild für Schönheit und deren Vergänglichkeit bekannt, eng verbunden mit Erotik; hier verknüpft mit dem des Sturmes, das allgemein auch für Schicksal stehen kann (vgl. Henkel/Schöne, 1978, Sp. 290–302; 97, 233, 252).

II. Dokumente zur Überlieferung des Virginia-Stoffes

Lessings *Emilia Galotti* steht als eine literarische Bearbeitung des Virginia Stoffes, freilich vermittelt, in der Tradition der Römerdramen. Lessing hat die Handlung in einen italienischen Duodezstaat (d. i. einen Kleinstaat) der Renaissance verlegt, der zu der italienischen Region Emilia Romagna gehörte. Auch wenn die Figur des Hettore Gonzaga erfunden ist, es gab ein Geschlecht der Gonzaga, das seit 1328 in Mantua herrschte; Ferrante, ein Bruder des 1530 von Kaiser Karl V. in den Herzogenstand erhobenen Federigo II., war seit 1539 Besitzer der Grafschaft Guastalla. Mit dem Tod des Herzogs Joseph Maria von Guastalla starb 1746 die jüngere Linie der Gonzaga auch aus, seine Territorien gingen 1748 an Parma, nachdem sie kurz von Österreich besetzt worden waren.

1. Die Legende um Virginia

Das Schicksal der Virginia (auch Verginia, 5. Jh. v. Chr.), der von ihrem Vater getöteten Römerin, ist vielfach überliefert worden, u. a. von Cicero (*De Finibus* 2,66) und Dionysios Halicarnassus (*Antiquitates Romanae* 11,28–32).
Titus Livius (59–17) erzählt die Geschichte der Tochter des Verginius im dritten Buch seiner römischen Geschichte *Ab urbe condita*. Die Ereignisse werden auf 304/305 Jahre nach der Gründung der Stadt datiert, d. h. 448/447 v. Chr. Der politische Hintergrund, vor dem die Legende über die Tochter des Verginius einsetzt, ist das Ende des Decemvirats von Appius Claudius, einer Zeit, die gekennzeichnet ist von der Auseinandersetzung um die Wiedereinsetzung der politischen Institutionen. Diese waren nur auf Zeit außer Kraft gesetzt worden. Den Decemvirn, zehn Männern aus

dem Senat, die die Gesetzgebung reformieren sowie schriftlich fixieren sollten, waren alle politischen Funktionen übertragen worden. Da es während dieser Zeit keine Vertreter der Plebejer, also keine Tribunen gab, konnten die Plebejer keinen Einspruch gegen die Beschlüsse von Konsuln und Senat einlegen. Die Spannungen zwischen den Patriziern und den Plebejern, die mit der neuen Gesetzgebung (Zwölftafelgesetz) in ihren Rechten beschnitten werden sollten, vertieften sich wieder. Die Freveltat, auf die Livius sich zu Beginn des Abschnittes bezieht, ist der Willkürmord an Lucius Sicius, sie gilt als ein Beispiel für den Machtmissbrauch der Decemvirn.

»44. Es begab sich hierauf in der Stadt eine andere Untat, die von triebhafter Leidenschaft herrührte und die ebenso schrecklich endete wie die Vergewaltigung und der Tod der Lucretia, der zur Vertreibung der Tarquinier von Stadt und Thron geführt hatte, so daß für Decemvirn wie für Könige nicht nur das Ende gleich, sondern auch der Grund für den Verlust der Herrschaft derselbe war. Den Ap. Claudius packte das Verlangen, ein Mädchen aus dem Volk zu schänden. Der Vater des Mädchens, L. Verginius, war auf dem Algidus ein Zenturio von hohem Rang, ein Mann von beispielhafter Rechtschaffenheit in Krieg und Frieden. Ebenso war die Gattin erzogen, und so erzog man auch die Kinder. Die Tochter hatte er mit dem ehemaligen Volkstribunen L. Icilius verlobt, einem energischen Mann mit erprobtem Mut für die Sache des Volkes. Appius machte sich nun, aus Begierde wie von Sinnen, daran, dies gereifte und strahlend schöne Mädchen mit Geld und Versprechungen zu verführen, doch nachdem er bemerkt hatte, wie wohlverwahrt in Anständigkeit alles bei ihr war, richtete er sein Sinnen auf eine rohe und frevelhafte Gewalttat.

Er gab seinem Gefolgsmann M. Claudius den Auftrag, das Mädchen als Sklavin zu beanspruchen und jenen nicht nachzugeben, die seine vorläufige Freilassung forderten; er glaubte nämlich, die Abwesenheit des Vaters biete ihm Freiraum zum Unrecht. Als das Mädchen auf das Forum kam – in den dortigen Buden befanden sich nämlich die Elementarschulen –, legte ihr der Scherge des wollüstigen Decemvirn die Hand auf und nannte sie Tochter seiner Sklavin, also selbst Sklavin, und befahl ihr, ihm zu folgen – sträube sie sich, würde er sie gewaltsam abführen. Das Mädchen erstarrte vor Entsetzen, doch führte das Geschrei ihrer Amme, welche die Bürger um Schutz anrief, zu einer großen Menschenansammlung; die dem Volk teuren Namen des Vaters Verginius und ihres Verlobten Icilius waren in aller Munde. Die Gunst, derer sie sich erfreuten, stimmte die Bekannten, die Empörung über den Vorfall die Masse dem Mädchen gewogen. Schon war sie vor Gewalt sicher, als der Kläger sagte, die Aufregung der Menge sei vollkommen unangebracht, da er nach Recht, nicht nach Gewalt vorgehe. Er lud das Mädchen vor Gericht, und da ihr selbst ihr Anhang riet, zu folgen, traten alle vor den Richterstuhl des Appius. Der Kläger spielte dem Richter ein bekanntes, weil von diesem selbst inszeniertes Stück vor: das Mädchen sei in seinem Haus geboren worden, doch habe man es gestohlen, ins Haus des Verginius gebracht und diesem unterschoben; er habe das, was er vorbringe, aufgrund einer Anzeige erfahren und werde sogar dann, wenn Verginius selbst der Richter wäre, beweisen, wen dies Verbrechen mehr als andere treffe. Bis dahin sei es billig, daß die Magd ihrem Herren folge. Nachdem die Verteidiger des Mädchens vorgebracht hatten, daß sich Verginius im Dienste des Staates auswärts befinde, er nach einer Benachrichtigung in zwei Tagen zur Stelle sein könne, und es ungerecht sei, wenn jemand in seiner Abwesenheit um seine Kinder kämpfen müsse, forderten sie, Appius solle die ganze Angelegenheit bis zur Ankunft des Vaters vertagen, gemäß dem von ihm erlassenen Gesetz vorläufig auf Freiheit entscheiden und nicht zulassen, daß eine junge, aber doch schon erwachsene Frau eher ihren Ruf als ihre Freiheit einer Gefahr aussetze.

45. Appius schickte seiner Entscheidung die Erklärung voraus, daß genau das Gesetz, welches die Freunde des Verginius zum Vorwand ihrer Forderungen nahmen, deutlich zeige, wie sehr er die Freiheit gefördert habe; im übrigen werde es der Freiheit nur dann sicheren Schutz bieten, wenn es sich nicht nach Fall oder Person ändere. Dies Recht komme denen zugute, die für frei erklärt werden sollten, weil jedermann einen Prozeß anstrengen könne: doch im Fall einer Person, die unter der Rechtsgewalt des Vaters stehe, gebe es außer diesem niemanden, demgegenüber der Eigentümer von seinem Besitzrecht zurücktreten müsse. Daher beschließe er, daß der Vater vorgeladen werde; in der Zwischenzeit solle der Besitzkläger, um seinen Rechtsanspruch nicht zu verlieren, das Mädchen mit sich führen und versprechen, es bei der Ankunft dessen, den man Vater nenne, vor Gericht zu bringen.
Da viele gegen die Ungerechtigkeit des Urteils murrten, aber auch nicht einer den offenen Protest wagte, schritten P. Numitorius, der Großvater des Mädchens, und ihr Verlobter Icilius ein; die Menschen hatten ihnen Platz gemacht – die Menge glaubte ja, durch einen Einspruch des Icilius könne man sich Appius am ehesten widersetzen –, da verkündete ein Liktor, die Entscheidung sei gefallen und drängte den protestierenden Icilius beiseite. Eine derart bittere Kränkung hätte auch ein friedfertiges Gemüt in Flammen gesetzt. ›Mit dem Schwerte mußt du mich von hier vertreiben, Appius‹, sagte er, ›damit du im stillen erreichst, was du verheimlicht haben willst! Ich werde diese junge Frau heiraten und will sie als keusche Braut besitzen! Rufe demnach alle Liktoren, auch die deiner Kollegen zusammen und laß Ruten und Beile bereithalten: des Icilius Verlobte wird im Hause ihres Vaters bleiben! Wenn ihr den Bürgern Roms auch den Beistand der Tribunen und das Berufungsrecht, die zwei Festen zum Schutze der Freiheit, genommen habt, so ist deswegen eurer Willkür keine Allmacht über unsere Frauen und Kinder gegeben. Wütet gegen unsere

Rücken und unsere Nacken: wenigstens die Keuschheit soll unangetastet bleiben! Falls ihr Gewalt angetan wird, so werde ich die hier versammelten Bürger für meine Braut, wird Verginius die Soldaten für seine einzige Tochter, werden alle die Götter und Menschen um Schutz anflehen, und du wirst jenes Urteil niemals durchsetzen können, ohne un ser Blut zu vergießen. Ich fordere, Appius, daß du deine weiteren Schritte gründlich bedenkst. Verginius mag sich nach seiner Rückkehr überlegen, was er in der Sache seiner Tochter zu unternehmen hat; er soll nur das eine wissen, daß er eine andere Partie für seine Tochter suchen muß, wenn er den Ansprüchen dieses Mannes nachgibt. Solange ich die Freiheit meiner Braut fordere, wird mir eher mein Leben als meine Treue entschwinden.‹

46. Die Menge war erregt, und ein Kampf schien nahe. Liktoren hatten Icilius schon umstellt, doch ging man über Drohungen nicht hinaus, da Appius behauptete, Verginia werde von Icilius gar nicht verteidigt, sondern der friedlose und sogar jetzt noch vom Geiste der Tribunen beseelte Mann suche nach einer Möglichkeit zum Parteienkampf. Er werde ihm an diesem Tag keine Gelegenheit mehr dazu bieten; damit er aber jetzt einsehe, daß er das nicht seiner Unverschämtheit, sondern der Abwesenheit des Verginius, dem Namen ›Vater‹ und der Freiheit zu verdanken habe, wolle er an dem Tag weder Recht sprechen noch eine Entscheidung treffen: er werde M. Claudius bitten, von seinem Recht abzustehen und dem Mädchen bis zum nächsten Tag die Freiheit zu lassen; für den Fall, daß der Vater am Tag darauf nicht zur Stelle sein sollte, prophezeie er Icilius und ähnlichen Typen, daß er als Gesetzgeber weder von seinem Gesetz, noch als Decemvir von seiner Beharrlichkeit abrükken werde; auch habe er keineswegs vor, die Liktoren seiner Kollegen zusammenzurufen, um die Rädelsführer eines Aufstandes in die Schranken zu weisen: seine eigenen würden ihm genügen.

Da die Stunde der Gewalt aufgeschoben war, zogen sich die

Rechtsbeistände des Mädchens zurück; man beschloß hierauf, daß fürs erste der Bruder des Icilius und der Sohn des Numitorius, tatkräftige junge Männer, geradewegs von dort zum Stadttor aufbrechen und so schnell wie möglich Verginius aus dem Lager holen sollten: die Rettung des Mädchens hänge davon ab, ob er als ihr Beschützer vor Unrecht am nächsten Tag rechtzeitig zur Stelle sei. Mit diesem Befehl brachen sie auf, gaben ihren Pferden die Sporen und brachten die Nachricht dem Vater. Als der Kläger, der den Besitz des Mädchens forderte, darauf bestand, daß Icilius seine Rechte geltend machen und Bürgen stellen solle, und dieser behauptete, eben das geschehe, dabei aber absichtlich Zeit verstreichen ließ, bis die ins Lager geschickten Boten einen Vorsprung gewinnen konnten, da hob die Menge überall die Hände empor und jeder einzelne zeigte sich bereit, für Icilius Bürgschaft zu leisten. Und so entgegnete jener mit Tränen in den Augen: ›Habt Dank, am morgigen Tag will ich eure Hilfe beanspruchen, jetzt ist es genug der Bürgen.‹ So wurde Verginia auf das Wort ihrer Verwandten vorläufig freigelassen. Appius brach noch nicht sofort ab, um den Anschein zu vermeiden, er habe nur wegen dieser Angelegenheit Gericht gehalten; doch als niemand mehr vortrat – aus Interesse für den einen Fall hatte man alle anderen vergessen –, begab er sich nach Hause und schrieb seinen Kollegen im Lager, sie sollten Verginius keinen Ausgang geben und ihn darüber hinaus unter Bewachung stellen. Wie es geschehen mußte, kam der schändliche Plan zu spät: Verginius hatte schon Ausgang genommen und war seit der ersten Nachtwache unterwegs, als am folgenden Morgen der Brief über seine Festnahme als gegenstandslos zugestellt wurde.

47. In der Stadt dagegen stand die Bürgerschaft bei Anbruch des Tages gespannt vor Erwartung auf dem Forum; Verginius, im Gewande der Trauer, führte seine Tochter – auch sie im Büßerkleid – von etlichen ehrbaren Frauen und einer großen Zahl von Verteidigern geleitet aufs Forum hin-

ab. Dort begann er, von einem zum andern zu gehen, um die Hilfe der Menschen zu werben und Unterstützung nicht nur als Gnadenerweis zu erbitten, sondern sie als schuldig zu fordern: er stehe für ihre Kinder und Frauen täglich in der vordersten Front, und es gebe keinen anderen Mann, über dessen wackere und tapfere Kriegstaten man sich mehr erzählen könne – was nütze das, wenn seine Kinder in der gesicherten Stadt das erleiden müßten, was man in einer eroberten als das Schlimmste befürchte. So beinahe im Ton eines Volksredners sprechend, trat er an die Menschen heran. Ähnliches wurde auch von Icilius vorgebracht. Die Geleitschar der Frauen rührte durch ihr lautloses Schluchzen mehr als jede Rede. All dem gegenüber hart im Herzen stieg Appius – des Wahnsinns eher denn der Liebe übergroße Macht hatte seinen Sinn verwirrt – auf die Richterbühne, und als sich der Kläger sogar noch in wenigen Sätzen darüber beschwerte, daß ihm am Vortag aus Parteilichkeit heraus nicht Recht gesprochen worden sei, schnitt er ihm das Wort ab, bevor er seine Forderung beendete oder Verginius die Gelegenheit zur Erwiderung gegeben wurde. Vielleicht haben die alten Geschichtsschreiber in irgendeiner Weise wahrheitsgemäß überliefert, welche Erklärung er seinem Urteil vorausschickte: weil ich aber nirgendwo eine entdekke, die angesichts der abgrundtiefen Niedertracht des Urteils wahrscheinlich ist, halte ich es für notwendig, das, was feststeht, ungeschminkt vorzulegen – seine vorläufige Entscheidung auf Unfreiheit. Anfänglich hielt die Verblüffung über die Unbegreiflichkeit derartiger Grausamkeit alle in ihrem Bann; eine Zeitlang herrschte hierauf noch Schweigen. Als dann aber M. Claudius daranging, das Mädchen aus dem Kreise der Frauen abzuführen, und ihm der Weiber klägliches Flehen entgegenschlug, erhob Verginius seine Hand gegen Appius und rief: ›Dem Icilius, nicht dir, Appius, habe ich meine Tochter verlobt und sie zur Ehe, nicht zur Hurerei erzogen: Soll man sich nach Art des Viehs und der wilden Tiere ohne Unterschied lüstern aufs Beilager

werfen? Ob die hier das zulassen werden, weiß ich nicht; ich erwarte, daß es die nicht tun werden, die Waffen tragen.‹
Als der Kläger, der das Mädchen forderte, von der Schar der Frauen und umstehenden Freunde zurückgedrängt wurde, gebot der Herold Stillschweigen.
48. Der Decemvir, von wilder Leidenschaft gänzlich verblendet, erklärte, er habe nicht nur aus der gestrigen Schmährede des Icilius und dem Ungestüm des Verginius, wofür er das römische Volk zu Zeugen habe, sondern auch durch zuverlässige Aussagen in Erfahrung gebracht, daß es in der Stadt die ganze Nacht hindurch zu Zusammenrottungen gekommen sei, um einen Aufstand zu entfachen. Daher sei er auf diese Auseinandersetzung sehr wohl vorbereitet mit Bewaffneten hergekommen, nicht um irgendeinem friedlichen Menschen Gewalt anzutun, sondern um gemäß der Hoheit seines Amtes die öffentlichen Ruhestörer in Schranken zu halten. ›Deshalb wird es besser sein, Ruhe bewahrt zu haben. Geh, Liktor‹, sagte er, ›dränge die Menge zurück und schaffe Weg für den Herrn, damit er sein Eigentum in Besitz nehmen kann!‹ Als er so voll Zorn losgedonnert hatte, trat die Menge aus eigenen Stücken auseinander, und, dem Unrecht als Beutestück ausgeliefert, stand da – das Mädchen. Jetzt, als er nirgendwo Hilfe sah, begann Verginius: ›Ich bitte dich, Appius, verzeihe zuerst dem Schmerz eines Vaters, wenn ich je allzu schroff gegen dich vorgegangen bin; erlaube dann, hier im Beisein des Mädchens die Amme zu befragen, was es mit der Sache auf sich hat, damit ich gelasseneren Sinnes von hier gehe, sollte ich fälschlich Vater genannt sein.‹ Wie er die Erlaubnis dazu erhalten hatte, führte er Tochter und Amme zu den Läden in der Nähe des Heiligtumes der Cloacina, die jetzt die ›Neuen‹ heißen, entriß dort einem Fleischer das Messer und sprach: ›Mit dem einzigen Mittel, dessen ich mächtig bin, rette ich dich, meine Tochter, in die Freiheit.‹ Hierauf durchbohrte er die Brust des Mädchens und rief zur Rich-

terbühne zurückblickend: ›Dich, Appius, und dein Haupt verfluche ich bei diesem Blute!‹ Beunruhigt vom Gebrüll, das sich auf die abscheuliche Tat hin erhoben hatte, befahl Appius, den Verginius zu verhaften. Jener bahnte sich mit dem Messer den Weg, wo immer er ging, bis er auch durch den Schutz der nachfolgenden Menge das Stadttor erreichte. Icilius und Numitorius hoben den leblosen Körper auf und zeigten ihn dem Volk; sie beklagten das Verbrechen des Appius, des Mädchens unselige Wohlgestalt und die Zwangslage des Vaters. Es folgten die Klagen der Mütter: das seien die Verhältnisse, unter denen man Kinder aufziehen müsse, das sei der Lohn für Anständigkeit. Dann all das andere, das der Schmerz den Klagen der Frauen in solcher Lage eingibt, die um so rührender sind, desto bitterer das Leid für ihren ungefestigten Charakter ist. Die Reden der Männer und vor allem die des Icilius gehörten ganz der tribunizischen Amtsgewalt, dem entrissenen Recht auf Berufung an das Volk und überhaupt der Empörung über die politischen Zustände.«

Titus Livius: Ab urbe condita / Römische Geschichte. Liber III / 3. Buch. Lat./Dt. übers. und hrsg. von Ludwig Fladerer. Stuttgart: Reclam, 1988. S. 127–141.

In der Folge dieser Ereignisse gab es vermehrt Unruhen in der Stadt. Verginius gelang es, im Lager die Soldaten dazu zu bringen, den Kampf gegen die Sabiner zu beenden. Er zog mit ihnen auf den Aventin, einen der die Stadt umgebenden Hügel. Der Senat wurde so dazu gezwungen, mit den Plebejern zu verhandeln. Schließlich mussten die Decemviri zurücktreten, Tribunat sowie provocatio (Volksversammlung) wurden wieder eingesetzt. Appius kam ins Gefängnis und nahm sich das Leben, um einem drohenden Todesurteil zu entgehen.

2. Literarische Bearbeitungen (Auswahl)

Seit dem Mittelalter über die Frühe Neuzeit bis ins 18. Jahrhundert und darüber hinaus ist eine literarische Bearbeitung des Verginia-Stoffes nachweisbar, und dies in vielen europäischen Literaturen. Die folgende Auswahl beschränkt sich auf einige Texte bis in die Mitte des 18. Jahrhunderts.

Jean de Meun, *Roman de la Rose* (V. 6324–93), um 1250; Giovanni Boccaccio, *De claris Mulieribus*, um 1360 (gedr. 1487); *De casibus virorum illustrium libri IX*, um 1355 (gedr. um 1475); Geoffrey Chaucer, *Canterbury Tales*, 1387 ff.; Pacificus Maximus d'Ascoli, *Virginia*, um 1508; Hans Sachs, *Virginia*, 1530; Juan de la Cueva, *Tragedia de la Muerte de Virginia y Apio Claudio*, 1580 (gedr. 1588); John Webster, *Appius and Virginia*, 1654; Giovanni Anutisi, *La Virginia*, 1732; Montiano y Luyando, *Virginia. Tragedia*, 1750; Samuel Crisp, *Virginia. A Tragedy*, 1754; Samuel Patzke, *Virginia*, 1755.

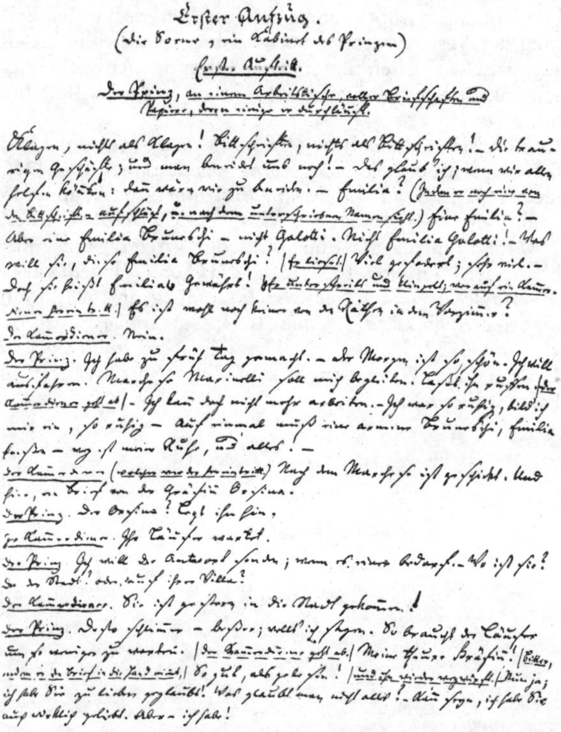

Beginn des ersten Aufzugs in der Handschrift Lessings

III. Dokumente zu Lessings Auseinandersetzung mit dem Virginia-Stoff und zur Entstehung des Trauerspiels

1. Literarische Vorarbeiten

Lessing hat sich mit dem Virginia-Stoff über mehr als 15 Jahre hinweg beschäftigt. 1754 erscheint eine Übersetzung Lessings von Vaquette d'Hermillys Zusammenfassung des Trauerspiels von Montiano y Luyandos *Virginia* (1750). In seiner Vorrede dazu stellt Lessing den spanischen Autor vor und begründet seine Übersetzung damit, den Deutschen die neuere spanische Literatur bekannter machen zu wollen. Zugleich entschuldigt er sich dafür, eine französische Vorlage verwendet zu haben, es hätte die Notwendigkeit bestanden, seinen »Lesern eine so angenehme Neuigkeit entweder gar nicht, oder durch die Vermittelung des französischen Übersetzers mitzutheilen« (*Gotthold Ephraim Leßings Theatralische Bibliothek. Erstes Stück*, Berlin 1754, S. 117, 122).

Jahre später rückt er in der *Hamburgischen Dramaturgie* von dem positiven Urteil über dieses Trauerspiel ab, es sei eigentlich kein spanisches Stück, auch wenn es in spanischer Sprache verfasst worden sei; tatsächlich handele es sich lediglich um einen Versuch, »in der korrekten Manier der Franzosen, regelmäßig, aber frostig. Ich bekenne sehr gern, dass ich bei weiten so vorteilhaft nicht mehr davon denke, als ich wohl ehedem muß gedacht haben« (G. E. Lessing, *Hamburgische Dramaturgie*, 68. Stück vom 25. Dezember 1767, Stuttgart 1981 [u. ö.], S. 352).

Etwa zu der Zeit, als er in der *Theatralischen Bibliothek* das spanische Trauerspiel vorstellt, übersetzt Lessing den Anfang von Samuel Crisps *Virginia* (1754) aus dem Englischen; diese Übersetzung ist nicht genau datierbar:

Erster Aufzug

Erster Auftritt

Die Szene ein Zimmer in dem Hause des Claudius
Claudius, *Rufus*

CLAUDIUS. Wardst du es gewahr, Rufus? Als wir jetzt bei dem Hause des *Virginius* vorbeigingen, mit welcher Verachtung er uns anblickte?

RUFUS. Alter und wahnwitzige Träume von Rom und Ehre, haben ihm das schwärmerische Gehirn verrückt.

CL. Sahst du, mit welcher ungestümen Eilfertigkeit, mit was für finstern Blicken er heraus ging?

RU. Und was mochte die Ursache seyn?

CL. Eben ist ein Befehl angelangt, der ihn ins Lager zurück ruft; weil man sich alle Stunden einer Schlacht versieht. Ein glücklicher Umstand, der dem Anschlage unsers Decemvirs auf seine schöne Tochter zu statten kommen wird!

RU. Diese rasche Verfolgung eines versprochenen Mädchens, fürchte ich, wird einen unglücklichen Ausgang haben. – Sollte *Appius* Gewalt brauchen! – – – Ich zittre bey diesem Gedanken. *Virginius* ist durchgängig verehrt; sein silbernes Haar, sein Ruhm, seine rauhe Beredsamkeit würde ganz Rom empören! – Wir müssen darauf denken, den *Appius* von einem so verzweifelten Unternehmen abzubringen.

CL. Vergebens! Unmöglich! – Seine stürmische Leidenschaft spottet aller Vorstellungen. – Nichts mehr hiervon! Denn ich sage dir, uns steht keine Wahl frey, als die Wahl der besten Mittel, sie durch Liebkosungen in seine Arme zu bringen.

RU. Durch Liebkosungen, in seine Arme? *Claudius*! – du weißt, sie ist versprochen; mit dem jungen *Icilius* versprochen und wie zärtlich liebt sie ihn, dieses Schooßkind des Volks, dem er als Tribun so muthige Dienst geleistet.

Schriften 3,359f.

Aus dem Jahr 1756 stammt eine Skizze von Lessing zu einem dann nicht ausgeführten Trauerspiel, das thematisch in den Kontext gehört: *Das befreyte Rom.* Der Selbstmord der Lucretia, die vergewaltigt worden war, sollte dort dramatisiert werden. Die Vergewaltigung der Lucretia und ihr Selbstmord gehören zu dem Gründungsmythos der römischen Republik. Auf ihrem Schicksal hatte auch Livius (s. Kap. II,1) vergleichend im Zusammenhang mit Virginia hingewiesen. In diesem Plan sieht Lessing vor, dass Lucretia sich auf offener Bühne ersticht; sie wird allerdings »sterbend abgeführt«: der Eintritt des Todes sollte, so war es vorgesehen, nicht auf der Bühne stattfinden.

Das befreyte Rom.

Erster Act.

I. Auft. *Forum.*

Brutus.

Allein. Er entdeckt in kurzen Worten seine Verstellung, die ihm zur Last zu werden anfängt.

2ter Auftritt.

Zwey Römer kommen dazu, die sich von der Tyranney des Tarquinius unterreden. Sie werden den Brutus gewahr, kehren sich aber nicht an ihn, weil sie ihn für einen Unsinnigen halten. Sie erwähnen der letzten Frevelthat des Tarquinius an der Lucretia.

3ter Auftritt.

Lucretia erscheinet, von einer Menge Pöbel begleitet, und zwey Sklavinnen. Sie ist wüthend, erzehlt dem Volk ihre Schande. Ersticht sich vor den Augen deßelben, und wirft den Dolch unter das Volk, mit dem Ausruf: meinem Rächer! Wird sterbend abgeführt.

4ter Auftritt.

Brutus ergreift den Dolch; da sich keiner ihn aufzuheben wagen will. Die Menge lacht, daß er in seine Hände gefallen; betauert aber das Schicksal der Lucretia.

Zweiter Act.

Erster Auft.

Brutus zweydeutige und prägnante Spöttereyen über den Dolch, und die That die damit verübet worden; gegen verschiedne aus dem Volke.

2ter Auftritt.

Es kommen die Lictores das Volk auseinander gehn zu heißen. Das Volk treibt sie weg.

3ter Auftritt.

Brutus fährt mit seinen bedeutenden Possen fort.

4ter Auftritt.

Tarquinius mit Lictoren escheint selbst. Der Pöbel fliehet aus einander, und läßt den Brutus auf dem Platze allein. Der König triumphirt über diese Furcht. Er läßt sich mit dem Brutus ein, und er hört ihn als einen Narrn an. Der Pöbel steht von ferne. Brutus ersticht ihn; und geht rasend ab. Tarquinius wird sterbend abgeführt.

Dritter Act.

Erste Scene.

Collatinus erscheint; und redet an das Volk von seinen Ansprüchen auf den erledigten Thron.

2. Scene.

Eine andere Menge kömt hereingestürzt und rufet: Freyheit! Brutus!
Collatinus: Wie lange soll dieser Rasende noch die Stadt verwirren!
Brutus: Hört mich, ihr Römer; ich bin kein Rasender, kein Wahnwitziger. Er declamirt wider die Könige, und Collantinus muß sich entfernen.

3te Scene.

Publicola erscheint, den man als den Gemahl der Lucretia annehmen muß. Brutus trägt ihm die Regierung auf; nicht als König, sondern als Berather des Volks. Er erklärt, daß er sie nicht selbst annehmen könne, weil ihn seine Verstellung dazu untüchtig gemacht.

4. Scene.

Die tanzenden Salier kommen herein. Und einer prophezeyt die künftigen Schicksale Roms; womit das Stück schließt.

Schriften 3,357–359.

Am 23. August 1755 erscheint in der *Berlinischen Privilegierten Zeitung* eine Besprechung von Johann Samuel Patzkes *Virginia* durch Lessing. Dort geht er nicht auf den Virginia Stoff und dessen Dramatisierung durch Patzke ein, es interessiert ihn vielmehr das erste Trauerspiel dieses Dichters: »Man kann jedes deutsche Trauerspiel von zwey Seiten betrachten; als ein Trauerspiel und als ein deutsches Trauerspiel. Als dieses kann es oft einen sehr grossen relativischen Werth haben, den es als jenes nicht hat.« Genau diesen ›relativischen Wert‹ gesteht er Patzkes Trauerspiel zu, den Stücken von Gottsched oder Schönaich etwa sei es überlegen, so Lessing, auch wenn es nicht an die von Corneille heranreiche. »Es ist sein erstes dramatisches Stück. Und das erste dramatische Stück von *Corneille*? Oder das erste Trauerspiel von *Racinen*? Hätte man, nach diesem zu urtheilen, wohl dem einen, oder dem andern die Höhe zugetrauet, die sie in der Folge wirklich erreichten?« (Schriften 7,50)

2. Briefe zur Entstehungsgeschichte

Lessings Briefe dokumentieren seit 1757, dass er selbst den Plan für eine »bürgerliche Virginia« (an Friedrich Nicolai, 21. Januar 1758, s. u.) verfolgte. In der »Neuen Bibliothek der Wissenschaften und freyen Künste« hatte Lessing zusammen mit Friedrich Nicolai und Moses Mendelssohn eine Preisaufgabe ausgeschrieben – es sollten deutsche Trauerspiele eingeschickt werden. Dies war für Lessing ein entscheidender Anstoß dazu, seinerseits die Arbeit an einem Trauerspiel aufzunehmen. In den Briefen an Mendelssohn und Nicolai versteckt er sich hinter einem Anonymus, wegen der geplanten eigenen Teilnahme. Lessing schließt zu dem Zeitpunkt das Trauerspiel noch nicht ab, den Preis erhielt Johann von Crongeks *Kodrus.*

Lessing schreibt am 22. Oktober 1757 an Moses Mendelssohn (1729–1786):

»Es arbeitet hier noch ein junger Mensch an einem Trauerspiele, welches vielleicht unter allen das beste werden dürfte, wenn er noch ein Paar Monate Zeit drauf wenden könnte.«

Schriften 17,126.

Am 25. November 1757 schreibt Lessing an Friedrich Nicolai (1733–1811):

»Die Tragödie, an der ein junger Mensch hier noch arbeitet; sollen Sie in drey Wochen haben. Sie verdient es, mitgedruckt zu werden.«

Schriften 17,128.

Am 21. Januar 1758 teilt Lessing Friedrich Nicolai mit:

»Unterdeß würde mein junger Tragikus fertig, von dem ich mir, *nach meiner Eitelkeit*, viel Gutes verspreche; denn er arbeitet ziemlich wie ich. Er macht alle sieben Tage sieben Zeilen; er erweitert unaufhörlich seinen Plan, und streicht unaufhörlich von dem schon Ausgearbeiteten wieder aus. Sein jetziges Sujet ist eine bürgerliche Virginia, der er den Titel *Emilia Galotti* gegeben. Er hat nehmlich die Geschichte der römischen Virginia von allem dem abgesondert, was sie für den ganzen Staat interessant machte; er hat geglaubt, daß das Schicksal einer Tochter, die von ihrem Vater umgebracht wird, dem ihre Tugend werther ist, als ihr Leben, für sich schon tragisch genug, und fähig genug sey, die ganze Seele zu erschüttern, wenn auch gleich kein Umsturz der ganzen Staatsverfassung darauf folgte. Seine Anlage ist nur von drey Akten, und er braucht ohne Bedenken alle Freyheiten der englischen Bühne. Mehr will ich Ihnen nicht davon sagen; so viel aber ist gewiß, ich wünschte den Einfall wegen des Sujets selbst gehabt zu haben. Es dünkt mich so schön, daß ich es ohne Zweifel nimmermehr ausgearbeitet hätte, um es nicht zu verderben.«

Schriften 17,133.

Erst nachdem Lessing Hamburg verlassen hatte und Bibliothekar in Wolfenbüttel geworden war, wurde das Trauerspiel fertiggestellt. In Hamburg hatte er, wie aus einem Brief an den Bruder Karl hervorgeht, auch an *Emilia Galotti* (vgl. Brief an Karl Lessing vom 10. Februar 1772) gearbeitet.

Lessing an Christian Friedrich Voß (1722–1785; Verleger), 24. Dezember 1771:

»Mit meinem neuen Stücke hätte ich vor, es auf den Geburthstag unsrer Herzogin, welches der 10te März ist, von Döbblinen[1] hier zum erstenmale aufführen zu laßen. Nicht Döbblinen zu Gefallen, wie Sie wohl denken können: sondern der Herzoginn, die mich, so oft sie mich noch gesehen, um eine neue Tragödie gequält hat. In diesem Falle müßte ich Sie aber bitten, es zu verhindern, daß Koch sie nicht etwa vor besagten 10^{tn} März spielte. Denn sonst würde das Kompliment allen seinen Werth verlieren.
Ich kann itzt meine Arbeit mit aller Zuversicht zusagen: denn ich fühle mich gesund, und hoffe, daß es eine Weile damit dauern soll. Auch bin ich über diese neue Tragödie fast wieder in den Geschmak des Dramatischen gekommen, und wenn die Lust anhält (und eine einzige ganz eigene Verhinderung nicht dazu kömmt) so verspreche ich Ihnen auf den Sommer einen ganzen neuen Band zu den Lustspielen.«

Schriften 17,423.

Lessing an seinen Bruder Karl Lessing (1740–1812), 31. Dezember 1771:

»Mit meiner Tragödie geht es so ziemlich gut, und künftige Woche will ich Dir die ersten drey Acte übersenden. Mich verlangt, was Du davon sagen wirst. Mache nur, daß sogleich daran kann gedruckt werden.«

Schriften 17,427.

1 Karl Theophil Döbbelin (1727–1793), Leiter einer Theatertruppe, war zu jener Zeit an verschiedenen Bühnen in Deutschland tätig, wurde 1775 Nachfolger von Heinrich Gottfried Koch (1703–1775) in Berlin.

Am 14. Januar 1772 erkundigt sich Karl Lessing nach dem Stück:

»Wie steht es mit Deiner neuen Tragödie? Wenn Du auch noch nicht fertig bist, so wirst Du doch wohl schon so weit mit ihr zu Rande seyn, daß Du den ersten Act schicken kannst? Denn ich werde alle Tage lüsterner danach.«

Schriften 20,117.

Am 25. Januar 1772 schreibt G. E. Lessing an Karl:

»Die erste Hälfte meiner neuen Tragödie wirst Du nun wohl haben; und ich bin sehr begierig, Dein Urtheil darüber zu vernehmen. Ich habe über keine Zeile derselben eine Seele, weder hier noch in Hamburg, können zu Rathe ziehn: gleichwohl muß man wenigstens über seine Arbeit mit jemand sprechen können, wenn man nicht selbst darüber einschlafen soll. Die bloße Versicherung, welche die eigene Kritik uns gewährt, daß man auf dem rechten Wege ist und bleibt, wenn sie auch noch so überzeugend wäre, ist doch so kalt und unfruchtbar, daß sie auf die Ausarbeitung keinen Einfluß hat.
Binnen acht Tagen, wenn ich mit dem Abschreiben nicht aufgehalten werde, soll der Rest folgen. Nun bitte ich Dich nur, auf die Correctur allen Fleiß zu wenden. Am besten würde es seyn, Wenn Du Dir das Manuscript bei der Correctur könntest vorlesen lassen.«

Schriften 18,10.

Am selben Tag (25. Januar 1772) schreibt Lessing an seinen Verleger Christian Friedrich Voß:

»Die erste Hälfte meiner neuen Tragödie, werden Sie nun wohl in Händen haben. Ich habe Ihnen eine neue Tragödie versprochen; aber wie gut oder wie schlecht – davon habe ich nichts gesagt. Je näher ich gegen das Ende komme, je

unzufriedner bin ich selbst damit. Und vielleicht gefällt Ihnen auch schon der Anfang nicht. –
Was bei dem Drucke zu beobachten, habe ich an den Bruder geschrieben. Ob ich sie vor dem Drucke hier noch spielen laße, wird darauf ankommen. Döbblin könnte sie zwar nothdürftig besetzen: aber ich kann wohl sagen, daß seine ewige und unendliche Windbeuteley mich gar nicht geneigt macht, ihm irgendeinen Gefallen zu erweisen.«

Schriften 18,11 f.

KARL LESSING an G. E. Lessing, 3. Februar 1772:

»In Deiner Emilia Galotti herrscht ein Ton, den ich in keiner Tragödie, so viel ich deren gelesen, gefunden habe; ein Ton, der nicht das Trauerspiel erniedrigt, sondern nur so herunterstimmt, daß es ganz natürlich wird, und desto leichter Eingang in unsere Empfindungen erhält. Ich besinne mich wohl, daß Du in Deiner Dramaturgie aus dem Bankschen Trauerspiele Elisabeth oder Essex einige Scenen in eine solche Sprache übersetzt hast; aber wer diese Scenen im Originale suchen will, (denn ich habe es gelesen) – der muß seyn, was Du bist. Doch Recht! Du hast selbst erinnert, daß Banks Sprache bald platt, bald schwülstig ist. Ich bin begierig, ob Du Dich in diesem Tone bis an das Ende erhalten wirst.
[...] in der Scene, wo die Tochter der Mutter ihren Vorfall in der Kirche erzählt, hat der Abschreiber einen Fehler gemacht. Er hat die Worte *Die Furcht hat ihren besonderen Sinn* der Emilia in den Mund gelegt, welche sie in ihrer furchtsamen Fassung nicht sagen kann; sie kommen der Claudia zu.
Aber die Wahrheit der Charaktere, die Du zeichnest, muß ich noch über die Schönheit der Sprache setzen. Der Prinz von Guastalla ist, wie unsere guten Prinzen, klug, verständig, zurückhaltend, von heftigen Leidenschaften, verliebt

oder ehrgeitzig – diesen Leidenschaften opfern sie alles auf, so menschlich sie auch sonst sind. Die Scenen zwischen Rota und dem Prinzen, ingleichem die mit dem Maler werden Deine Kenntniß dieser Menschen Zeile für Zeile bezeichnen. Marinelli, ein wahrer feiner Kammerherr! Und die Scene, wo er dem rechtschaffenen Appiani die Gesandtenstelle im Namen des Prinzen anträgt – wie *die* bey der Vorstellung gefallen wird, bin ich begierig. Meinen völligen Beyfall hat sie; aber leider! habe ich die Erfahrung, daß dasjenige, was mir außerordentlich gefallen hat, oft von dem Publicum sehr kalt aufgenommen worden ist.

Nur wider die Emilia Galotti habe ich etwas auf dem Herzen. Ich sollte zwar gar nicht mit meiner Kritik herausrükken; denn vermuthlich wird Emilia in den letzten Acten thätiger seyn, und sich also auch ihr Charakter deutlicher entwickeln. Aber warum sollte ich Dir meine Ratte verbergen! Noch hast Du sie nur als fromm und gehorsam geschildert. Aber ihre Frömmigkeit macht mir sie – aufrichtig! – etwas verächtlich, oder, wenn das zu viel ist, zu klein, als daß sie zum Gegenstand der Lehre, des edlen Zeitvertreibs und der Kenntniß für so viele tausend Menschen dienen könnte. Du wirst zwar sagen: so werden die Mädchen in Italien erzogen; so denken sie; so handeln sie; noch hat sich keine Spur von Freydenkerey in ihre Religion eingeschlichen. Alles gut, lieber Bruder. Allein über das Locale sollte man nicht höhere Zwecke vergessen. Jede gute Person, die ein einnehmendes Muster für die Zuhörer seyn soll, könnte zwar ihre Mutterreligion haben; aber sie müßte nicht solche Punkte derselben äußern, die einen gar zu kleinen Verstand, gar zu wenig Selbstdenken verrathen: sondern nur das, was die allgemeine Religion aller rechtschaffnen und denkenden Menschen billigt und auszuüben trachtet. Emilia geht in die Messe. – Sie ist eine Katholikin. – Mag sie doch! Sie redet auch von den Bedeutungen der Perlen im Traum. Auch daß sie sogar ängstlich thut, weil sie der Prinz in der Messe angeredet, macht mir keinen großen Begriff

von ihrem Verstande; und ein gar zu kleiner Verstand mit dem besten Herzen deucht mir für die edlen Personen des Trauerspiels unter der Würde desselben. Und nimmt man vollends Rücksicht auf die Zuschauer in Berlin, die unter den freyer denkenden Deutschen die freydenkendsten sind, so glaube ich – hätte ich Recht. Vorausgesetzt, daß Deine Emilia in den letzten Acten keine anderen Vorzüge zeigt. Deine Minna, Deine Miß Sara, Deine Juliane sind auch fromm; aber sie haben nicht das Pedantische der Religion, sie haben das, was man an seinem geliebten Gegenstande zu finden wünscht.
Aber mache nur, daß ich das Trauerspiel bald ganz lesen kann. Ich will doch nicht hoffen, daß Du Deiner Arbeit überdrüßig bist? Ich dächte, es wäre ein großes Vergnügen, für Anderer Vergnügen zu arbeiten.«

Schriften 20,127–129.

G. E. Lessings Antwort an Karl, 10. Februar 1772:

»Es ist mir sehr lieb, daß Dir mein Ding von einer Tragödie noch so ziemlich gefallen hat. Und Deine Anmerkungen darüber sind mir sehr willkommen gewesen. Ich bitte Dich, auch in Ansehung des Überrestes damit fortzufahren.
[...] *Die Furcht hat ihren besonderen Sinn*; muß ich Dir gestehen, ist, so wie sie ist, zwar kein Fehler des Abschreibers. Doch laß ich mir Deine Veränderung gefallen. Im Grunde soll es gar keine besondere tiefe Anmerkung seyn, welche Emilia freylich in ihrer Verfassung nicht machen könnte; sondern sie soll bloß damit sagen wollen, daß sie nun wohl sehe, die Furcht habe sie getäuscht. Aber freylich, der Ausdruck ist ein wenig zu gesucht. Wenn es der Claudia in den Mund gelegt wird, so laß hinter das Wort *Sinn* nur einen Strich (–) setzen, daß es mit dem Folgenden nicht zusammen ausgesprochen wird.
Was Du von dem Charakter der Emilia sagst, hat viel Wah-

res. Aber so ganz Recht kann ich Dir doch nicht geben, aus folgenden Ursachen:
1) Weil das Stück Emilia heißt, ist es darum mein Vorsatz gewesen, Emilien zu dem hervorstechendsten, oder auch nur zu einem hervorstechenden Charakter zu machen? Ganz und gar nicht. Die Alten nannten ihre Stücke wohl nach Personen, die gar nicht aufs Theater kamen.
2) Die jungfräulichen Heroinen und Philosophinnen sind gar nicht nach meinem Geschmacke. Wenn Aristoteles von der Güte der Sitten handelt, so schließt er die Weiber und Sklaven ausdrücklich davon aus. Ich kenne an einem unverheiratheten Mädchen keine höhere Tugenden, als Frömmigkeit und Gehorsam.
3) Zeigt denn jede Beobachtung der äußerlichen Gebräuche einer positiven Religion von Aberglauben und schwachem Geiste? Wolltest Du wohl alle die ehrlichen Leute verachten, welche in die Messe gehen, und während der Messe ihre Andacht abwarten wollen, oder Heilige anrufen? – Wegen des Zuges mit dem Traume hast Du ganz Unrecht; wesfalls Du das Manuscript nur wieder nachsehen darfst. Emilia glaubt nicht an den Traum; sondern sie erkennt mit ihrer Mutter den Traum für sehr natürlich: wegen ihres größern Geschmacks an Perlen als an Steinen. Aber, ob sie schon nicht an den Traum als Vorbedeutung glaubt: so darf er doch gar wohl sonst Eindrücke auf sie machen. Appiani ist es, der sich dabey länger aufhält, als sie beyde. Aber auch den lasse ich die Ursache davon angeben.
4) Am Ende wird denn auch freylich der Charakter der Emilia interessanter, und sie selbst thätiger. – Nur käme das ein wenig zu spät, wenn es wahr wäre, daß sie schon einen kleinen Begriff von sich erweckt hätte. –
Doch es sey mit dem allen, wie es wolle; wenn das Stück nur im Ganzen Wirkung hervorbringt.
Das Süjet war eines von meinen ältesten, das ich einmal in Hamburg auszuarbeiten anfing. Aber weder das alte Süjet noch die Hamburger Ausarbeitungen habe ich jetzt brau-

chen können, weil jenes nur in drei Acte abgetheilt, und diese so angelegt war, daß sie nur gespielt, aber nie gedruckt werden sollte.
Was Du von dem Charakter der Orsina sagen wirst, verlangt mich am meisten zu hören. Wenn er einer guten Schauspielerin in die Hände fällt, so muß er Wirkung thun.«

Schriften 18,18 f.

Am 1. März 1772 schreibt G. E. Lessing an Karl:

»Hier kommt endlich der Schluß. Ich will wünschen, daß er Dich in Deiner Erwartung nicht betrügen möge.
[...] Nimm es mir nicht übel, daß ich so eigensinnig bin. Aber Du weißt ja wohl, was es meistentheils für Leute sind, die unsere Schauspiele lesen: Leute, die der offenbarste Fehler irre machen kann; auch schon ein solcher wie [...] wo es für gesehen, heißen muß *geschehen.* [...].
Schreibe mir nur bald, lieber Bruder, und sage mir, wie Dir das Ganze gefällt. Du siehst wohl, daß es weiter nichts, als eine modernisirte, von allem Staatsinteresse befreyete Virginia sein soll.«

Schriften 18,20–22.

Anfang März 1772 schreibt Lessing an Herzog Carl von Braunschweig (1713–1780):

»Ich unterstehe mich, eine große Kleinigkeit an Ew. Durchlaucht zu bringen, die jedoch für mich darum keine Kleinigkeit ist, weil ich nicht gern das Geringste thun oder geschehen lassen wollte, was Ew. Durchlaucht wünschen könnten, daß es gar nicht oder anders geschehen wäre.
Döbbelin hatte erfahren, daß eine neue Tragödie von mir, die ich aber bereits vor einigen Jahren ausgearbeitet, gegenwärtig in Berlin gedruckt werde. Er bat mich, ihm das Manuscript davon zukommen zu lassen, um sie auf den bevor-

Anna Rosina de Gasc (d. i. A. R. von Lisiewski, 1713–1783):
Herzogin Philippine Charlotte von Braunschweig und Lüneburg
Öl auf Leinwand
(Herzog August Bibliothek, Wolfenbüttel)

stehenden Geburtstag der Herzoginn Königl. Hoheit aufzuführen. Ich konnte ihm solches nicht wohl verweigern. Doch nahm ich mir sogleich dabey vor, sobald ein Abdruck in meinen Händen seyn würde, durch Vorlegung desselben vor allen Dingen mich der Genehmigung von Ewr. Durchlaucht zu versichern.
[...] Ich weiß nicht, ob es überhaupt schicklich ist, an einem so erfreulichen Tage eben ein Trauerspiel aufzuführen; noch weniger weiß ich, ob Ew. Durchlaucht an diesem Tage nicht etwas ganz anders zu sehen wünschen könnten. Sollte dieses seyn: so ist es zu einer Abänderung noch immer Zeit; und falls Ew. Durchl. dem Döbbelin nicht unmittelbar Dero Willensmeynung darüber wissen zu lassen geruhen wollen: so erwarte ich nur einen Wink, um unter irgendeinem leicht zu findenden Vorwande die Aufführung dieses neuen Stückes zu hintertreiben.«

Schriften 18,22 f.

In einem verschollenen Brief antwortet der Herzog auf diese Bitte, »daß es gar füglich geschehen könne« (nach: Karl Lessing, *Gotthold Ephraim Lessings Leben*, Berlin 1793–95, Bd. 1, S. 332).

Karl Lessing an Gotthold Ephraim Lessing, 12. März 1772:

Ich habe Deine Emilia nun hinter einander gelesen, und Du kannst Dir leicht vorstellen, daß sie, da sie mir schon stückweise so wohl gefiel, im Ganzen eine noch größere Wirkung auf mich gethan hat [...].
Du erinnerst Dich doch noch, daß mir die Emilia im Anfange nicht so vorzüglich gefallen. Du hast mir daher einige Deiner Gründe angeführt, von denen aber keiner Stich zu halten schien, als der letzte, als Du sagtest: ›Am Ende wird denn auch freylich der Charakter der Emilia interessanter,

und sie selbst thätiger.‹ – Denn das ist nicht allein geschehen, sondern der Schluß hätte auch nicht so werden können, wenn Du sie nicht vom Anfange so geschildert hättest. Höchst religiös, die Tugend der Keuschheit für die höchste Tugend haltend ist Emilia; und das letzte hat sie bloß durch ihre fast blinde Anhänglichkeit an die katholische Religion werden können. Meine Absicht ist übrigens nicht sowohl gewesen, Dir als Dichter damit einen Vorwurf zu machen, sondern nur Deine Ursache zu wissen, warum Du, als Dichter, ein Vorurtheil mit zu bestärken für gut befunden hättest […].

Aber mir deucht, daß es Vorsatz von Dir ist, hier die Sprache etwas anders zu machen, als sie von Natur seyn sollte. Denn was reizt nach vielfältiger Wiederholung des Stücks, es immer wieder zu lesen? Die körnichte Sprache und die Charaktere. Das Schicksal der Hauptpersonen ist uns bekannt, und das Stück macht nur noch vermittelst der beyden ersten Vorzüge auf uns Eindruck. Ein langes süßes Gerede wird nach dem ersten Lesen fade und ekelhaft; so wie das süßsprechende Mädchen im öftern Umgange lästig wird, wenn es nicht unsere Geliebte ist.

[…] Wie ist die Aufführung in Braunschweig ausgefallen?

Schriften 20,145–147.

Emilia Galotti.

Ein Trauerspiel
in
fünf Aufzügen.

Von
Gotthold Ephraim Lessing.

Berlin,
bey Christian Friedrich Voß, 1772.

Titelseite eines der vier Drucke von 1772

IV. Dokumente zu Lessings Überlegungen zum Trauerspiel

Lessings zahlreiche Ausführungen zum Trauerspiel stehen im Kontext von grundlegenden gattungs-, stil-, theater- und kulturgeschichtlichen Veränderungen, die die Dramatik seit der Mitte des 18. Jahrhunderts bestimmen. Das überkommene Gattungsgesetz, nach dem Tragödien die Unglücksfälle von Fürsten und Adligen in hohem Stil und gereimten Versen zum Gegenstand haben, die Komödien hingegen die teils lächerlichen, teils rührenden Konflikte von Bürgerlichen und Bauern in Prosarede, wird außer Kraft gesetzt. George Lillo (1693–1739) in England, Denis Diderot (1713–1784) in Frankreich sowie Lessing in Deutschland begründen eine Dramatik, die diese Trennungen aufkündigt. Die Ständeklausel fällt ebenso wie die mit ihr verbundenen Stil- und Gattungsnormen. ›Bürgerlich‹ meint ›privat‹, ›häuslich‹, ›menschlich‹ und zielt in Verbindung mit dem Trauerspiel darauf, dass hier private, häusliche Konflikte unabhängig von ständischen Grenzen dargestellt werden.

Lessings eigene Überlegungen zum Trauerspiel sind nicht bündig in einer Abhandlung niedergelegt, er entwickelt und verändert sie, in Auseinandersetzung sowohl mit der zeitgenössischen Bühne als auch mit der Tradition der europäischen Literatur, wie in der literaturwissenschaftlichen Forschung breit herausgearbeitet worden ist (s. Kap. V,3). Die folgenden Dokumente stellen eine Auswahl von Auszügen aus der *Hamburgischen Dramaturgie* (1769) und aus dem früheren *Briefwechsel über das Trauerspiel* (entst. 1756/57) dar, die für *Emilia Galotti* im Horizont von Lessings dramentheoretischen Arbeiten einigen Aufschluss zu geben vermögen.

Lessing verfolgt mit dem Trauerspiel Wirkungsabsichten: die Erregung des Mitleids. So formuliert er in einem Brief an Friedrich Nicolai im November 1756:

»Aber das erkenne ich für wahr, daß kein Grundsatz, wenn man sich ihn recht geläufig gemacht hat, bessere Trauerspiele kann hervorbringen helfen, als der: *Die Tragödie soll Leidenschaften erregen*. [...]
Kurz, ich finde keine einzige Leidenschaft, die das Trauerspiel in dem Zuschauer rege macht, als das Mitleiden. Sie werden sagen: erweckt es nicht auch Schrecken? erweckt es nicht auch Bewunderung? Schrecken und Bewunderung sind keine Leidenschaften, nach meinem Verstande. [...]
Das Schrecken in *der Tragödie* ist weiter nichts als die plötzliche Überraschung des Mitleides, ich mag den Gegenstand meines Mitleids kennen oder nicht. [...]
Nun zur Bewunderung! Die Bewunderung! *O in der Tragödie*, um mich ein wenig orakelmäßig auszudrucken, ist das entbehrlich gewordene Mitleiden. Der Held ist unglücklich, aber er ist über sein Unglück so weit erhaben, er ist selbst so stolz darauf, daß es auch in meinen Gedanken die schreckliche Seite zu verlieren anfängt, daß ich ihn mehr beneiden als bedauern möchte.
Die Staffeln sind also diese: Schrecken, Mitleid, Bewunderung. Die Leiter aber heißt: Mitleid; und Schrecken und Bewunderung sind nichts als die ersten Sprossen, der Anfang und das Ende des Mitleids. [...] Wenn es also wahr ist, daß die ganze Kunst des tragischen Dichters auf die sichere Erregung und Dauer des einzigen Mitleidens geht, so sage ich nunmehr, die Bestimmung der Tragödie ist diese: sie soll *unsere Fähigkeit, Mitleid zu fühlen*, erweitern. Sie soll uns nicht blos lehren, gegen diesen oder jenen Unglücklichen Mitleid zu fühlen, sondern sie soll uns so weit fühlbar machen, daß uns der Unglückliche zu allen Zeiten, und unter allen Gestalten, rühren und für sich einnehmen muß. [...] *Der mitleidigste Mensch ist der beste Mensch*, zu allen ge-

sellschaftlichen Tugenden, zu allen Arten der Großmuth der aufgelegteste. Wer uns also mitleidig macht, macht uns besser und tugendhafter, und das Trauerspiel, das jenes thut, thut auch dieses, oder – es thut jenes, um dieses thun zu können.«

Schriften 17,64–66.

Damit diese Wirkung, die Erregung des Mitleids, erreicht werden kann, darf der Abstand zwischen den Zuschauern und dem Personal auf der Bühne nicht unüberwindlich sein, es müssen Menschen ›von gleichem Schrot und Korne‹ und deren Schicksale dargestellt werden:

»Die authentische Erklärung dieser Furcht, welche Aristoteles dem tragischen Mitleid beifüget, findet sich in dem fünften und achten Kapitel des zweiten Buchs seiner ›Rhetorik‹. […]
Es beruhet aber alles auf dem Begriffe, den sich Aristoteles von dem Mitleiden gemacht hat. Er glaubte nämlich, daß das Übel, welches der Gegenstand unsers Mitleidens werden solle, notwendig von der Beschaffenheit sein müsse, daß wir es auch für uns selbst, oder für eines von den Unsrigen, zu befürchten hätten. Wo diese Furcht nicht sei, könne auch kein Mitleiden stattfinden. Denn weder der, den das Unglück so tief herabgedrückt habe, daß er weiter nichts für sich zu fürchten sähe, noch der, welcher sich so vollkommen glücklich glaube, daß er gar nicht begreife, woher ihm ein Unglück zustoßen könne, weder der Verzweifelnde noch der Übermütige, pflege mit andern Mitleid zu haben. Er erkläret daher auch das Fürchterliche und das Mitleidswürdige, eines durch das andere. Alles das, sagt er, ist uns fürchterlich, was, wenn es einem andern begegnet wäre, oder begegnen sollte, unser Mitleid erwecken würde: […] und alles das finden wir mitleidswürdig, was wir fürchten würden, wenn es uns selbst bevorstünde. Nicht genug also, daß der Unglückliche, mit dem wir Mitleiden haben sollen,

sein Unglück nicht verdiene, ob er es sich schon durch irgendeine Schwachheit zugezogen: seine gequälte Unschuld, oder vielmehr seine zu hart heimgesuchte Schuld, sei für uns verloren, sei nicht vermögend, unser Mitleid zu erregen, wenn wir keine Möglichkeit sähen, daß uns sein Leid auch treffen könne. Diese Möglichkeit aber finde sich alsdenn, und könne zu einer großen Wahrscheinlichkeit erwachsen, wenn ihn der Dichter nicht schlimmer mache, als wir gemeiniglich zu sein pflegen, wenn er ihn vollkommen so denken und handeln lasse, als wir in seinen Umständen würden gedacht und gehandelt haben, oder wenigstens glauben, daß wir hätten denken und handeln müssen: kurz, wenn er ihn mit uns von gleichem Schrot und Korne schildere. Aus dieser Gleichheit entstehe die Furcht, daß unser Schicksal gar leicht dem seinigen ebenso ähnlich werden könne, als wir ihm zu sein uns selbst fühlen: und diese Furcht sei es, welche das Mitleid gleichsam zur Reife bringe.

So dachte Aristoteles von dem Mitleiden, und nur hieraus wird die wahre Ursache begreiflich, warum er in der Erklärung der Tragödie, nächst dem Mitleiden, nur die einzige Furcht nannte. Nicht als ob diese Furcht hier eine besondere, von dem Mitleiden unabhängige Leidenschaft sei, welche bald mit bald ohne dem Mitleid, sowie das Mitleid bald mit bald ohne ihr, erreget werden könne; […] sondern weil, nach seiner Erklärung des Mitleids, dieses die Furcht notwendig einschließt; weil nichts unser Mitleid erregt, als was zugleich unsere Furcht erwecken kann.«

G. E. Lessing: Hamburgische Dramaturgie. Hrsg. und kommentiert von Klaus L. Berghahn. Stuttgart: Reclam, 1981 [u. ö.]. S. 384–386. (75. Stück, 19. Januar 1768.)

Über den Zusammenhang von Mitleid, Tugend und Leidenschaften führt Lessing in Hinblick auf die Zielrichtung der Katharsis aus:

»Da nämlich, es kurz zu sagen, diese Reinigung in nichts anderes beruhet als in der Verwandlung der Leidenschaften in tugendhafte Fertigkeiten, bei jeder Tugend aber, nach unserm Philosophen, sich diesseits und jenseits ein Extremum findet, zwischen welchem sie innestehet: so muß die Tragödie, wenn sie unser Mitleid verwandeln soll, uns von beiden Extremis des Mitleids zu reinigen vermögend sein; welches auch von der Furcht zu verstehen. Das tragische Mitleid muß nicht allein, in Ansehung des Mitleids, die Seele desjenigen reinigen, welcher zu viel Mitleid fühlet, sondern auch desjenigen, welcher zu wenig empfindet. Die tragische Furcht muß nicht allein, in Ansehung der Furcht, die Seele desjenigen reinigen, welcher sich ganz und gar keines Unglücks befürchtet, sondern auch desjenigen, den ein jedes Unglück, auch das entfernteste, auch das unwahrscheinlichste, in Angst setzet. Gleichfalls muß das tragische Mitleid, in Ansehung der Furcht, dem was zu viel, und dem was zu wenig, steuern: so wie hinwiederum die tragische Furcht, in Ansehung des Mitleids.«

Ebd. S. 401. (78. Stück, 29. Januar 1768.)

So war nicht nur die Haupt- und Staatsaktion ungeeignet, diese Art von Wirkung zu erzielen, sondern auch das Märtyrerdrama:

»Die [...] Anmerkung betrifft das christliche Trauerspiel insbesondere. Die Helden desselben sind mehrenteils Märtyrer. Nun leben wir in einer Zeit, in welcher die Stimme der gesunden Vernunft zu laut erschallet, als daß jeder Rasender, der sich mutwillig, ohne alle Not, mit Verachtung aller seiner bürgerlichen Obliegenheiten in den Tod stürzet, den Titel eines Märtyrers sich anmaßen dürfte. Wir wissen itzt zu wohl die falschen Märtyrer von den wahren zu unterscheiden; wir verachten jene ebensosehr, als wir diese verehren, und höchstens können sie uns eine melancholische Träne über die Blindheit und den Unsinn auspressen, deren wir die Menschheit überhaupt in ihnen fähig erblikken. Doch diese Träne ist keine von den angenehmen, die das Trauerspiel erregen will. Wenn daher der Dichter einen Märtyrer zu seinem Helden wählet: daß er ihm ja die lautersten und triftigsten Bewegungsgründe gebe! daß er ihn ja in die unumgängliche Notwendigkeit setze, den Schritt zu tun, durch den er sich der Gefahr bloßstellet! daß er ihn ja den Tod nicht freventlich suchen, nicht höhnisch ertrotzen lasse! Sonst wird uns sein frommer Held zum Abscheu, und die Religion selbst, die er ehren wollte, kann darunter leiden.«

Ebd. S. 16f. (1. Stück, 1. Mai 1767.)

Lessing plädiert dafür, ›gemischte Charaktere‹ für die Trauerspielhandlung zu entwerfen. Auch in diesem Punkt bezieht er sich auf Aristoteles (vgl. Aristoteles, *Poetik* 13). Hier stimmt er ausdrücklich Diderot zu und verweist auf dessen Schrift *Über die dramatische Dichtkunst.*

»Diderot hat recht: es ist besser, wenn die Charaktere bloß verschieden, als wenn sie kontrastiert sind. Kontrastierte Charaktere sind minder natürlich und vermehren den romantischen Anstrich, an dem es den dramatischen Begebenheiten so schon selten fehlt. Für eine Gesellschaft im gemeinen Leben, wo sich der Kontrast der Charaktere so abstechend zeigt, als ihn der komische Dichter verlangt, werden sich immer tausend finden, wo sie weiter nichts als verschieden sind. Sehr richtig! Aber ist ein Charakter, der sich immer genau in dem graden Gleise hält, das ihm Vernunft und Tugend vorschreiben, nicht eine noch seltenere Erscheinung? Von zwanzig Gesellschaften im gemeinen

Leben, werden eher zehn sein, in welchem man Väter findet, die bei Erziehung ihrer Kinder völlig entgegengesetzte Wege einschlagen, als eine, die den wahren Vater aufweisen könnte. Und dieser wahre Vater ist noch dazu immer der nämliche, ist nur ein einziger, da der Abweichungen von ihm unendlich sind. Folglich werden die Stücke, die den wahren Vater ins Spiel bringen, nicht allein jedes vor sich unnatürlicher, sondern auch untereinander einförmiger sein, als es die sein können, welche Väter von verschiednen Grundsätzen einführen. Auch ist es gewiß, daß die Charaktere, welche in ruhigen Gesellschaften bloß verschieden scheinen, sich von selbst kontrastieren, sobald ein streitendes Interesse sie in Bewegung setzt. Ja es ist natürlich, daß sie sich sodann beeifern, noch weiter von einander entfernt zu scheinen, als sie wirklich sind. Der Lebhafte wird Feuer und Flamme gegen den, der ihm zu lau sich zu betragen scheinet: und der Laue wird kalt wie Eis, um jenem soviel Übereilungen begehen zu lassen, als ihm immer nur nützlich sein können.«

Ebd. S. 440. (86. Stück, 26. Februar 1768.)

Es ist nicht ausschließlich die ›historische Glaubwürdigkeit‹, die bei der Einrichtung eines Sujets maßgeblich ist. Zugleich müssen auch psychologische Faktoren bedacht werden, wie es auch bei der Forderung nach den ›gemischten Charakteren‹ der Fall war:

»Der Poet findet in der Geschichte eine Frau, die Mann und Söhne mordet; eine solche Tat kann Schrecken und Mitleid erwecken, und er nimmt sich vor, sie in einer Tragödie zu behandeln. Aber die Geschichte sagt ihm weiter nichts, als das bloße Faktum, und dieses ist ebenso gräßlich als außerordentlich. Es gibt höchstens drei Szenen, und da es von allen naheren Umständen entblößt ist, drei unwahrscheinliche Szenen. – Was tut also der Poet?
So wie er diesen Namen mehr oder weniger verdient, wird

ihm entweder die Unwahrscheinlichkeit oder die magere Kürze der größere Mangel seines Stückes scheinen.
Ist er in dem ersten Falle, so wird er vor allen Dingen bedacht sein, eine Reihe von Ursachen und Wirkungen zu erfinden, nach welcher jene unwahrscheinliche Verbrechen, nicht wohl anders, als geschehen müssen. Unzufrieden, ihre Möglichkeit bloß auf die historische Glaubwürdigkeit zu gründen, wird er suchen, die Charaktere seiner Personen so anzulegen; wird er suchen, die Vorfälle, welche diese Charaktere in Handlung setzen, so notwendig einen aus dem andern entspringen zu lassen; wird er suchen, die Leidenschaften nach eines jeden Charakter so genau abzumessen; wird er suchen, diese Leidenschaften durch so allmähliche Stufen durchzuführen: daß wir überall nichts als den natürlichsten, ordentlichsten Verlauf wahrnehmen; daß wir bei jedem Schritte, den er seine Personen tun läßt, bekennen müssen, wir würden ihn, in dem nämlichen Grade der Leidenschaft, bei der nämlichen Lage der Sachen, selbst getan haben; daß uns nichts dabei befremdet, als die unmerkliche Annäherung eines Zieles, von dem unsere Vorstellungen zurückbeben, und an dem wir uns endlich, voll des innigsten Mitleids gegen die, welche ein so fataler Strom dahinreißt, und voll Schrecken über das Bewußtsein befinden, auch uns könne ein ähnlicher Strom dahinreißen, Dinge zu begehen, die wir bei kaltem Geblüte noch so weit von uns entfernt zu sein glauben. – Und schlägt der Dichter diesen Weg ein, sagt ihm sein Genie, daß er darauf nicht schimpflich ermatten werde: so ist mit eins auch jene magere Kürze seiner Fabel verschwunden; es bekümmert ihn nun nicht mehr, wie er mit so wenigen Vorfällen fünf Akte füllen wolle; ihm ist nur bange, daß fünf Akte alle den Stoff nicht fassen werden, der sich unter seiner Bearbeitung aus sich selbst immer mehr und mehr vergrößert, wenn er einmal der verborgnen Organisation desselben auf die Spur gekommen und sie zu entwickeln verstehet.

Ebd. S. 166f. (32. Stück, 18. August 1767.)

Der Begriff der Mimesis, Nachahmung – ein Zentralbegriff der Poetik seit Aristoteles –, wird auch in der *Hamburgischen Dramaturgie* exponiert. Dies geschieht hinsichtlich der Frage der Nachahmung der Natur durch die Kunst, dann aber auch mit Bezug auf das Problem der Einrichtung historischer Stoffe für das Trauerspiel. Nachahmung ist keine plane oder ›realistische‹ Wiedergabe von historischen Begebenheiten oder der Natur, die auch die ›menschliche Natur‹ einschließt. In beiden Fällen muss der Dichter zur Abstraktion kommen:

»Denn sie [die Nachahmung der Natur] würde zeigen, daß eben das Beispiel der Natur, welches die Verbindung des feierlichen Ernstes mit der possenhaften Lustigkeit rechtfertigen soll, ebensogut jedes dramatische Ungeheuer, das weder Plan, noch Verbindung, noch Menschenverstand hat, rechtfertigen könne. Die Nachahmung der Natur müßte folglich entweder gar kein Grundsatz der Kunst sein; oder, wenn sie es doch bliebe, würde durch ihn selbst die Kunst, Kunst zu sein aufhören; wenigstens keine höhere Kunst sein, als etwa die Kunst, die bunten Adern des Marmors in Gips nachzuahmen; ihr Zug und Lauf mag geraten, wie er will, der seltsamste kann so seltsam nicht sein, daß er nicht natürlich scheinen könnte; bloß und allein der scheinet es nicht, bei welchem sich zu viel Symmetrie, zu viel Ebenmaß und Verhältnis, zu viel von dem zeiget, was in jeder andern Kunst die Kunst ausmacht; der künstlichste in diesem Verstande ist hier der schlechteste, und der wildeste der beste. […]
In der Natur ist alles mit allem verbunden; alles durchkreuzt sich, alles wechselt mit allem, alles verändert sich eines in das andere. Aber nach dieser unendlichen Mannigfaltigkeit ist sie nur ein Schauspiel für einen unendlichen Geist. Um endliche Geister an dem Genusse desselben Anteil nehmen zu lassen, mußten diese das Vermögen erhalten, ihr Schranken zu geben, die sie nicht hat; das Vermögen ab-

zusondern, und ihre Aufmerksamkeit nach Gutdünken lenken zu können.

Dieses Vermögen üben wir in allen Augenblicken des Lebens; ohne dasselbe würde es für uns gar kein Leben geben; wir würden vor allzu verschiedenen Empfindungen nichts empfinden; wir würden ein beständiger Raub des gegenwärtigen Eindruckes sein; wir würden träumen, ohne zu wissen, was wir träumten.

Die Bestimmung der Kunst ist, uns in dem Reiche des Schönen dieser Absonderung zu überheben, uns die Fixierung unserer Aufmerksamkeit zu erleichtern. Alles, was wir in der Natur von einem Gegenstande oder einer Verbindung verschiedener Gegenstände, es sei der Zeit oder dem Raume nach, in unsern Gedanken absondern, oder absondern zu können wünschen, sondert sie wirklich ab und gewährt uns diesen Gegenstand, oder diese Verbindung verschiedener Gegenstände, so lauter und bündig, als es nur immer die Empfindung, die sie erregen sollen, verstattet.

Wenn wir Zeugen einer wichtigen und rührenden Begebenheit sind, und eine andere von nichtigem Belange läuft quer ein: so suchen wir der Zerstreuung, die diese uns drohet, möglichst auszuweichen. Wir abstrahieren von ihr; und es muß uns notwendig ekeln, in der Kunst das wieder zu finden, was wir aus der Natur wegwünschten.

Nur wenn ebendieselbe Begebenheit in ihrem Fortgange alle Schattierungen des Interesses annimmt, und eine nicht bloß auf die andere folgt, sondern so notwendig aus der anderen entspringt; wenn der Ernst das Lachen, die Traurigkeit die Freude, oder umgekehrt, so unmittelbar erzeugt, daß uns die Abstraktion des einen oder des andern unmöglich fällt: nur alsdenn verlangen wir sie auch in der Kunst nicht, und die Kunst weiß aus dieser Unmöglichkeit selbst Vorteil zu ziehen.«

Ebd. S. 359–362. (70. Stück, 1. Januar 1768.)

»Er [Aristoteles] spricht [...] von einem Gräßlichen, das sich bei dem Unglücke ganz guter, ganz unschuldiger Personen finde. Und sind nicht die Königin, Elisabeth, die Prinzen vollkommen solche Personen?[2] Was haben sie getan? Wodurch haben sie es sich zugezogen, daß sie in den Klauen dieser Bestie sind? Ist es ihre Schuld, daß sie ein näheres Recht auf den Thron haben als er? Besonders die kleinen wimmernden Schlachtopfer, die noch kaum rechts und links unterscheiden können! Wer wird leugnen, daß sie unsern ganzen Jammer verdienen? Aber ist dieser Jammer, der mich mit Schaudern an die Schicksale der Menschen denken läßt, dem Murren wider die Vorsehung sich zugesellet, und Verzweiflung von weitem nachschleicht, ist dieser Jammer – ich will nicht fragen, Mitleid? – Er heiße, wie er wolle – Aber ist er das, was eine nachahmende Kunst erwecken sollte?

Man sage nicht: erweckt ihn doch die Geschichte; gründet er sich doch auf etwas, das wirklich geschehen ist. – Das wirklich geschehen ist? es sei: so wird es seinen guten Grund in dem ewigen unendlichen Zusammenhange aller Dinge haben. In diesem ist Weisheit und Güte, was uns in den wenigen Gliedern, die der Dichter herausnimmt, blindes Geschick und Grausamkeit scheinet. Aus diesen wenigen Gliedern sollte er ein Ganzes machen, das völlig sich rundet, wo eines aus dem andern sich völlig erkläret, wo keine Schwierigkeit aufstößt, derenwegen wir die Befriedigung nicht in seinem Plane finden, sondern sie außer ihm, in dem allgemeinen Plane der Dinge suchen müssen; das Ganze dieses sterblichen Schöpfers sollte ein Schattenriß von dem Ganzen des ewigen Schöpfers sein; sollte uns an den Gedanken gewöhnen, wie sich in ihm alles zum Besten auflöse, werde es auch in jenem geschehen: und er vergißt diese seine edelste Bestimmung so sehr, daß er die unbegeiflichen

2 Lessing diskutiert hier das Trauerspiel *Richard III.* (1759) von Christian Felix Weiße (1726–1804).

Wege der Vorsicht mit in seinen kleinen Zirkel flicht und geflissentlich unsern Schauder darüber erregt? – O verschonet uns damit, ihr, die ihr unser Herz in eurer Gewalt habt! Wozu diese traurige Empfindung? Uns Unterwerfung zu lehren? Diese kann uns nur die kalte Vernunft lehren; und wenn die Lehre der Vernunft in uns bekleiben[3] soll, wenn wir, bei unserer Unterwerfung, noch Vertrauen und fröhlichen Mut behalten sollen: so ist es höchst nötig, daß wir an die verwirrenden Beispiele solcher unverdienten schrecklichen Verhängnisse so wenig als möglich erinnert werden. Weg mit ihnen von der Bühne! Weg, wenn es sein könnte, aus allen Büchern mit ihnen! – [...]
Ein Dichter kann viel getan, und doch noch nichts damit vertan haben. Nicht genug, daß sein Werk Wirkungen auf uns hat: es muß auch die haben, die ihm, vermöge der Gattung, zukommen; es muß diese vornehmlich haben, und alle andere können den Mangel derselben auf keine Weise ersetzen; besonders wenn die Gattung von der Wichtigkeit und Schwierigkeit und Kostbarkeit ist, daß alle Mühe und aller Aufwand vergebens wäre, wenn sie weiter nichts als solche Wirkungen hervorbringen wollte, die durch eine leichtere und weniger Anstalten erfordernde Gattung ebensowohl zu erhalten wären. Ein Bund Stroh aufzuheben, muß man keine Maschinen in Bewegung setzen; was ich mit dem Fuße umstoßen kann, muß ich nicht mit einer Mine sprengen wollen; ich muß keinen Scheiterhaufen anzünden, um eine Mücke zu verbrennen.«

Ebd. S. 404–407. (79. Stück, 2. Februar 1768.)

Lessing besteht sogar darauf, dass bei der Bearbeitung historischer Fakten für das Trauerspiel eher die Fakten als die Charaktere zu verändern sind. Er kommt daher auch auf die Namensgebung zu sprechen:

3 »bekleiben«: haften, kleben bleiben.

»Darf ein Poet, oder ein Erzähler, wenn man ihm auch noch so viel Freiheit verstattet, diese Freiheit wohl bis auf die allerbekanntesten Charaktere erstrecken? Wenn er Fakta nach seinem Gutdünken verändern darf, darf er dann auch eine Lucretia verbuhlt oder einen Sokrates galant schildern?

Das heißt einem mit aller Bescheidenheit zu Leibe gehen. Ich möchte die Rechtfertigung des Hrn. Marmontel nicht übernehmen; ich habe mich vielmehr schon dahin geäußert, daß die Charaktere dem Dichter weit heiliger sein müssen, als die Fakta. Einmal, weil, wenn jene genau beobachtet werden, diese, insofern sie eine Folge von jenen sind, von selbst nicht viel anders ausfallen können; da hingegen allerlei Faktum sich aus ganz verschiednen Charakteren herleiten läßt. Zweitens, weil das Lehrreiche nicht in den bloßen Faktis, sondern in der Erkenntnis bestehet, daß diese Charaktere unter diesen Umständen solche Fakta hervorzubringen pflegen und hervorbringen müssen. Gleichwohl hat es Marmontel gerade umgekehrt. Daß es einmal in dem Seraglio eine europäische Sklavin gegeben, die sich zur gesetzmäßigen Gemahlin des Kaisers zu machen gewußt: das ist ein Faktum. Die Charaktere dieser Sklavin und dieses Kaisers bestimmen die Art und Weise, wie dieses Faktum wirklich geworden; und da es durch mehr als eine Art von Charakteren wirklich werden können, so steht es freilich bei dem Dichter, als Dichter, welche von diesen Arten er wählen will; ob die, welche die Historie bestätiget, oder eine andere, sowie der moralischen Absicht, die er mit seiner Erzählung verbindet, das eine oder andere gemäßer ist. Nur sollte er sich, im Fall daß er andere Charaktere als die historischen, oder wohl gar diesen völlig entgegengesetzte wählet, auch der historischen Namen enthalten und lieber ganz unbekannten Personen das bekannte Faktum beilegen, als bekannten Personen nicht zukommende Charaktere andichten. Jenes vermehret unsere Kenntnis, oder scheinet sie wenigstens zu vermehren und ist dadurch angenehm. Dieses widerspricht der Kenntnis, die wir bereits haben, und ist dadurch unangenehm. Die Fakta betrachten wir als etwas zufälliges, als etwas, das mehrern Personen gemein sein kann; die Charaktere hingegen als etwas Wesentliches und Eigentümliches. Mit jenen lassen wir den Dichter umspringen, wie er will, solange er sie nur nicht mit den Charakteren in Widerspruch setzet; diese hingegen darf er wohl ins Licht stellen, aber nicht verändern; die geringste Veränderung scheinet uns die Individualität aufzuheben, und andere Personen unterzuschieben, betrügerische Personen, die fremde Namen usurpieren und sich für etwas ausgeben, was sie nicht sind.«

Ebd. S. 174f. (33. Stück, 21. August 1767.)

Lessings Überlegungen werden wahrgenommen. So diskutiert Johann Gottfried Herder (1744–1803) *Emilia Galotti* in Verbindung mit Lessings theoretischen Positionen zum Trauerspiel:

»Leßings Emilia Galotti hat mich wieder einmal ins Theater gelockt; wie zufrieden ja gesättigt bin ich hinausgegangen! Ein Theaterstück muß gesehen, nicht gelesen werden: denn wenn es ist, was es seyn soll, so ist ja eben auf die Vorstellung alles berechnet. Ich kann mir nicht einbilden, daß wenn Stücke dieser Art, (aber auch keine andre als solche) wöchentlich nur Einmal, auf die leidlich-vollkommenste Weise gegeben würden, und diese Stücke lauter Stände und Situationen unsrer Welt, wie dieses, enthielten, das Publicum ungebildet, unerleuchtet bleiben könnte.
Bei der zweiten Ausgabe des *Diderot*schen Theaters bezeugte Leßing diesem Schriftsteller öffentlich seine Dankbarkeit als dem Manne, der an der Bildung seines Geschmacks großen Antheil habe. ›Denn, fährt er fort, es mag mit diesem auch beschaffen seyn, wie es will: so bin ich mir doch zu wohl bewußt, daß er ohne *Diderots* Muster und

Lehren eine ganz andre Richtung würde bekommen haben. Vielleicht eine eignere; aber doch schwerlich eine, mit der am Ende mein Verstand zufriedener gewesen wäre.‹ Und setzt sodann weiter den Einfluß ins Licht, den *Diderots* Stücke, insonderheit sein *Hausvater* auf das Deutsche Theater gehabt habe.

Sie wissen, wieviel *Diderot* darauf hielt, daß *Stände* aufs Theater gebracht werden sollten, und was Leßing in seiner Dramaturgie dabei zu erinnern fand. Natürlich können Stände ohne bestimmte Charaktere auf dem Theater keine Wirkung thun; aber bilden sich die Charaktere der Menschen nicht in und nach Ständen? und welcher Stand hätte auf den Charakter mehr Einfluß, als der Stand eines Prinzen? Hier hatte also Lessing ein weites Feld, das *philosophische Allgemeine*, dadurch Aristoteles die Poesie von der nackten Geschichte unterscheidet, als Philosoph und Dichter zu bearbeiten. Er zeigt den Charakter des Prinzen in seinem Stande, den Stand in seinem Charakter, beide von mehreren Seiten, in mehreren Situationen. Nicht nur bringt er den Prinzen in seiner gegenwärtigen Gemüthsstimmung mit den verschiedensten Personen, Männern und Weibern, mit Künstler und Canzler, Kammerherr und Kammerdiener, mit einer Geliebten, die er jetzt nicht geliebt haben, und einer andern, die jetzt von ihm eben nicht geliebt seyn will, mit dem Vater, der Mutter, dem Bräutigam derselben, ja mit sich selbst in Gespräch und Handlung; er unterläßt auch keine Gelegenheit, in jeder dieser Situationen eigentlich nach dem Ringe zu rennen, und wenn mir der Ausdruck erlaubt ist, das *Prinzliche* dabei zu charakterisiren. Niemand wird unverschämt gnug seyn, deßhalb das Stück eine Satyre auf die Prinzen zu nennen: denn nur *dieser* Prinz, ein Italiänischer, junger, eben zu vermählender Prinz ists, der sich diese Späße giebt und bei Marinelli andre zuläßt. Auch ist sein Stand, seine Würde, selbst sein persönlicher Charakter in Allem zart gehalten, und mit wahrer Freundlichkeit geschonet. Am Ende des Stücks aber, wenn der Prinz sein verächtliches Werkzeug selbst verachtend von sich weiset, und dabei ausruft: ›Gott! Gott! ist es zum Unglücke so mancher nicht genug, daß Fürsten Menschen sind; müssen sich auch noch Teufel in ihren Freund verstellen?‹ und die unschuldige Braut dabei im Blut liegt, der Vater, ihr Mörder, sich eben vor diesen Fürsten, als vor seinen Richter stellt, Marinelli, der Unterhändler dieses Gewerbes, sich noch bedenkt, den Dolch aufzuheben; wer ist, dem, wenn in solcher Situation der Vorhang sinkt, nicht noch andre Gedanken, außer dem, den der Prinz sagt, in die Seele strömen? Nothwendig fragt man sich, wie wird das Gericht über den alten Odoardo ablaufen? wie lange wird Marinelli entfernt seyn? d. i. wie bald wird er, wenn sein Dienst abermals brauchbar ist, wiederkehren? u. f.

Es ist vielleicht das höchste Verdienst der Poesie, insonderheit des Drama, Stände und Charaktere aller Art (wenn mir das niedrige Gleichnis erlaubt ist) an dem feinsten Spieß, aufs langsamste am Feuer eigner Thorheiten, Neigungen und Leidenschaften umzuwenden. In der Seele des Zuschauers werden diese Stände und Charaktere dadurch *gahr*, oder, mit einem edleren Ausdruck, *geründet*. Man siehet, was an der Figur Ernst oder Scherz, Wort oder That ist; man blickt auf den Grund hinunter, und greift das Beständige oder Unstatthafte ihres Charakters, ihre Versatilität und innere Ehrlichkeit gleichsam mit Händen.

Die alte Tragödie ging darauf hinaus, durch Darstellung unerwartet-schrecklicher Königsunfälle und Katastrophen die Urtheile der Menschen zu berichtigen, ihre Grundsätze zu sichern, und das poco piu und poco meno[4] der Leidenschaften, der Furcht und des Mitleids, dem Zuschauer auf ächter Waage vorzuwägen. Die neuere Tragödie, wenn sie gleich ihren Boden nicht so scharf spannen und ihre Käule so rasch schwingen kann, als die alte, hat dennoch mit ihr Einerlei Endzweck. Sie spricht zum innersten Gefühl, zur

4 »etwas mehr und etwas weniger«.

treuesten Ehrlichkeit des Menschen; die Übelthat kann sie auch jenseit der Gesetze verfolgen, so wie das Lustspiel die Thorheit auch jenseit der Gesetze straft. Beide sind Sprecherinnen vor dem erhabensten Richterstuhl unsres Geschlechts, vor der *Humanität* selbst, und ventiliren, bescheinigen und gegenbescheinigen vor ihr auf die schärfste, freieste Weise. […]

Man rückt Leßingen vor, daß er die zarteste Weiblichkeit, das über allen Ausdruck Reizende je ne scais quoi des schönen Geschlechts nicht gekannt, und solches eben so wohl in der Emilie als der Minna, der Recha als der Orsina verfehlt habe. Sie sind, sagt man, bei ihm Kinder oder Männer, Helden oder schwache Geschöpfe. – – Ich kann über diesen Punkt nicht entscheiden. Sollte es aber keinen Unterschied geben, wie ein weiblicher Charakter im Roman und auf der Bühne erscheinen darf? Das neuere Theater ist bei allen Völkern Europa's, vorzüglich Spaniern und Franzosen, aus romanhaften Erzählungen und Sitten entstanden; sollte es diese nicht ablegen dürfen? ja sollte es sie endlich nicht ablegen müssen, da diese fremde Schminke aus der wirklichen Welt Theils schon verbannet ist, Theils in Manchem offenbar ihrer Verbannung zueilet? Das Theater der Alten kannte diese romantische Schminke nicht, und doch waren ihre Weiber Weiber.

Wie dem auch sei, in diesem Stück getraute ich mir den Charakter der Emilie, Orsina, geschweige der Claudia völlig vertheidigen zu können; ja es bedarf dieser Vertheidigung nicht, da sich hier Alles in der Sphäre eines Prinzen, um seine Person, um seine Liebe, Treue und Affection drehet. Wer kennt die Übermacht dieses Standes beim schönen Geschlechte nicht? und wer darf es der Emilie in *diesen* Augenblicken einer solchen Situation verargen, wenn sie den Dolch ihres Vaters einer künftigen Gefahr vorziehet? Das flatternde Vögelchen, (verzeihen Sie das Naturhistorische Gleichniß) fürchtet nicht etwa nur den anziehenden Hauch der nahen großen glänzenden Schlange; es fühlet denselben schon, sieht ihren auf sie gerichteten Blick – oder ohne Gleichniß, sie glaubt sich schon umschlungen von tausend feinen Netzen liebenswürdiger Eigenschaften, weiß, wie der Prinz ihre Empfindungen der Religion selbst vorm Altar störte, und wagt wie eine Heilige den Sprung in die Fluth. Wie Verstandvoll hat Leßing das Herz der Emilie mit Religion verwebet, um auch hier die Stärke und Schwäche einer solchen Stütze zu zeigen! Wie überlegt läßt er den Prinzen sie am heiligen Ort aufsuchen, sie in der Kapelle vor aller Welt anreden, und stellt die schwache Mutter, den strengen grollhaften Fürstenfeind, Odoardo neben sie. Ihr Tod ist lehrreich-schrecklich, ohne aber daß dadurch die Handlung des Vaters zum absoluten Muster der Besonnenheit werde. Nichts weniger! Der Alte hat eben so wohl, als das erschrockene Mädchen in der betäubenden Hofluft den Kopf verlohren; und eben diese Verwirrung, die Gefahr solcher Charaktere in solcher Nähe wollte der Dichter schildern.

So erlaube ich auch der Orsina, (die nothwendig mit Mäßigung gespielt werden muß) ihre Verhöhnung des Marinelli, selbst ihre höllische Phantasie im siebenten Auftritte des vierten Acts. Wenn *sie* nicht den Mund öfnet, wer soll ihn öffnen? Und *sie* darfs, die gewesene Gebieterin eines Prinzen, die in seiner Sphäre an Willkühr gewöhnt ist. Als eine Beleidigte, Verachtete muß sie anjetzt übertreiben, und bleibt in der größesten Tollheit die redende Vernunft selbst, ein Meisterwerk der Erfindung.

So auch das Übereilen des Plans, das Hineintappen des Prinzen, und vor Allem, seine unbescholtene Rechtfertigkeit, Alles veranlaßt, gebilligt und am Ende doch, nachdem der Plan verunglückt, nichts befohlen, nichts gethan zu haben. In wenigen Tagen, fürchte ich, hat er sich selbst ganz rein gefunden, und in der Beichte ward er gewiß absolviret. Bei der Vermählung mit der Fürstin von Massa war Marinelli zugegen, vertrat als Kammerherr vielleicht gar des Prinzen Stelle, sie abzuholen. Appiani dagegen ist todt;

Odoardo hat sich in seiner Emilie siebenfach das Herz durchboret, so daß es keines Bluturtheiles weiter bedarf. Schrecklich!«

Johann Gottfried Herder: Briefe zu Beförderung der Humanität. In: J. G. H.: Sämtliche Werke. Hrsg. von Bernhard Suphan. Bd. 17. Hildesheim: Olms, 1967. (Reprogr. Nachdr. der Ausg. Berlin 1881.) S. 182–186.

V. Dokumente zur Wirkungsgeschichte

1. Dokumente aus dem Jahr 1772: Reaktionen auf die ersten Aufführungen und die ersten Druckfassungen

Die Uraufführung von *Emilia Galotti* fand in Braunschweig am 13. März 1772 statt. Es folgten Aufführungen in Berlin (6. April 1772), in Hamburg (15. Mai 1772), in Wien (Anfang Juli). Lessing selbst war bei der Uraufführung in Braunschweig nicht anwesend – er hatte Zahnschmerzen. Er zögerte auch längere Zeit, sich eine Aufführung anzusehen. Nachgewiesen ist sein Besuch einer Aufführung in Wien im Jahr 1775 (vgl. Daunicht, 1971, S. 360).
Das Programmblatt der Uraufführung zeigt, dass *Emilia Galotti* nicht allein aufgeführt wurde, was den Gepflogenheiten der Zeit entsprach, ebenso wie der Umstand, dass es Prologe und Epiloge zu den einzelnen Stücken gab. Der *Wandsbecker Bothe* vom 16. Mai 1772 druckt Prolog und Epilog der Hamburger Aufführung ab. Sie stammen von Johann Christian Bock (1750–1785).

Prolog über Emilia Galotti
Im Charakter des Marinelli

Der Tag, ihr Herrn, scheint anzubrechen –
Und noch hat, eh der Prinz erscheint,
Der Kammerherr mit euch ein Wörtchen erst als Freund,
Ein Wörtchen im Vertraun zu sprechen;
Und so ein Wort, zu seiner Zeit gehört,
Ist, sagt das Sprüchwort, Goldes werth. –
»Was macht die Kunst?« – wird bald der Prinz den Maler fragen; –
»Sie geht nach Brod!« – wird Conti sagen. –
Wohl uns, wenn diese Stadt mit Leßings Prinzen spricht:

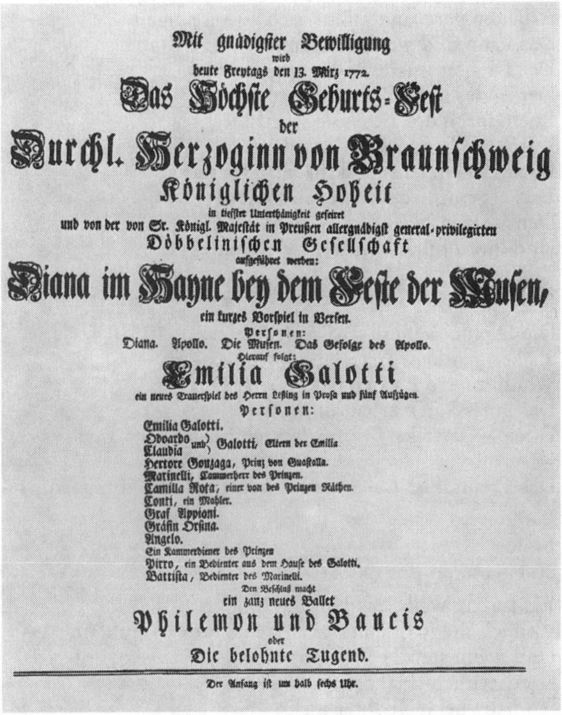

Mit gnädigster Bewilligung
wird
heute Freytags den 13. März 1772.
Das Höchste Geburts-Fest
der
Durchl. Herzoginn von Braunschweig
Königlichen Hoheit
in tiefster Unterthänigkeit gefeiret
und von der von Sr. Königl. Majestät in Preußen allergnädigst general-privilegirten
Döbbelinischen Gesellschaft
aufgeführet werden:
Diana im Hayne bey dem Feste der Musen,
ein kurzes Vorspiel in Versen.
Personen:
Diana. Apollo. Die Musen. Das Gefolge des Apollo.
Hierauf folgt:
Emilia Galotti
ein neues Trauerspiel des Herrn Leßing in Prosa und fünf Aufzügen.
Personen:
Emilia Galotti.
Odoardo und Claudia } Galotti, Eltern der Emilia
Hettore Gonzaga, Prinz von Guastalla.
Marinelli, Cammerherr des Prinzen.
Camilla Rota, einer von des Prinzen Räthen.
Conti, ein Mahler.
Graf Appioni.
Gräfin Orsina.
Angelo.
Ein Kammerdiener des Prinzen
Pirro, ein Bedienter aus dem Hause des Galotti.
Battista, Bedienter des Marinelli.
Den Beschluß macht
ein ganz neues Ballet
Philemon und Baucis
oder
Die belohnte Tugend.

Der Anfang ist um halb sechs Uhr.

Theaterzettel der Braunschweiger Uraufführung

Das soll sie nicht! Das soll sie nicht!
In unserm Gebiete nicht! –
So wachsen Künstler auf zu Meistern,
Arbeiten gern und glühn, sich zu verewigen,
Das kann und wird und muß zu mehr Emilien
Der Dichter unsres Volks begeistern,
Der in des alten Britten Geist
Euch durch des Lebens Scene führet,
Euch durch das Labyrinth der Leidenschaften reißt,
Euch lächeln läßt, und mächtig rühret;
Der, als ein Biedermann, sich dreist
Den stolzen Nachbarnationen,
Und ihren Julien und Desdemonen
Emilien, zur Rechten stellt
Und seinen Deutschen schadlos hält. –

Die Dichter sind der Künstler Väter:
Shakespear kam erst, sein Garrick später. –
Wohl! unsern Barden hätten wir;
Das gute Glück erhalt uns ihn!
Doch – Garricks, Oldfields auch für Ihn und Euch erziehn,
Das Freund' ist Euer Werk – das, Freunde, könntet Ihr! –

Epilog
im Charakter des Odoardo

Wo ist das Weib, das Unmuth blickt?
Weil ich die Rose brach, eh' sie der Sturm entblättert! –
Und wenn sie alle Welt vergöttert! –
Hier steh ich! Ha! Sie trete her!
Ich habe keine Tochter mehr,
Und doch – bey Gott! würd' ich mich schämen
An Kindesstatt sie anzunehmen!
Wo ist der Mann, dem ich zu früh
Die Rose brach? eh sie der Sturm entblättert! –
Und hätt' er eine Monarchie,

Daniel Berger: Der Schauspieler Carl Theodor Döbbelin
Kupferstich nach einer Zeichung von Daniel Chodowiecki, 1779

Und würd' er von der Welt vergöttert –
Bey Gott! schwör' ichs, dem feigen Knaben,
Ich möcht' ihn nicht zum Kriegsknecht haben!
Das kann er nicht, er kann allein
Bandit und Marinelli seyn! –
Hab' ich ein Rätsel Euch beschworen? –
Ein Wort – und Unschuld heißt's – dieß Eine Wort verbirgt's;
Und nur die geht, wird einmal nur verloren! –
Ihr Weiber wirkt's? Ihr Männer wirkt's? – –

Julius W. Braun: Lessing im Urtheile seiner Zeitgenossen. Berlin 1884–97. Bd. 1. S. 380f. [Im Folgenden zit. als: Braun.]

Im *Wandsbecker Bothen*, von Matthias Claudius herausgegeben, wurde am 17. März 1772 ein »Brief aus Braunschweig« veröffentlicht, der auf den 13. März 1772 datiert war und von der bevorstehenden Aufführung berichtet:

»Wir feyern Heute den Gebuhrtstag unserer gnädigen Landes-Mutter. Ob der Hof Galla oder Kammertrauer anlegen wird, ist noch nicht angesagt. Aber das wird Ihnen eine sehr angenehme Nachricht seyn, weiß ich, daß der heutige Tag auch durch ein ganz neues Trauerspiel von Leßing gefeyert wird. Alle Liebhaber der Bühne sind in der ungeduldigsten Erwartung, umsomehr, da Herr Leßing es hier niemanden von seinen hiesigen Freunden hat lesen lassen. Es heißt Emilia Galotti; das ist alles, was ich heute noch davon sagen kann; aber nächstens schreib' ich Ihnen mehr davon, denn sie werden gleichfalls ungeduldig sein, ein neues Leßingsches Trauerspiel zu kennen [...]. Ich wette, Sie wären heute gern bey uns, und da hörten sie dan auch einen Prolog oder so etwas, wie sie denken können, von der Erfindung und Feder des Hrn. Döbbelin.«

Braun, Bd. 1, S. 351f.

Johann Arnold Ebert (1723–1795; Schriftsteller, Professor am Carolinum in Braunschweig, maßgeblich an der Berufung Lessings zum Bibliothekar beteiligt) schreibt am 14. März 1772 an Lessing:

»O liebster, bester, unvergleichlicher Lessing! – Wie gern wollte ich Ihnen meine Bewunderung, Rührung, und Dankbarkeit, die ich gestern bey der Vorstellung Ihres neuen Stückes empfunden habe, lebhaft ausdrücken! Aber eben diese Empfindungen machen es mir unmöglich. Nur so viel kann ich Ihnen sagen, daß ich durch und durch, mit Klopstock zu reden, laut gezittert habe. Selbst die comischen Scenen oder Züge haben eine ähnliche Empfindung mit der bey mir hervorgebracht, die ich einmal bei Durchlesung der ersten Scene Ihrer Minna hatte. O Shakespear-Lessing! – Zu andern, als Ihnen, würde ich vielleicht noch mehr sagen. […] Ich habe davor fast nicht ein schlafen können, und hernach einen sehr unruhigen Schlaf gehabt. […] Die Geister Ihrer Personen spüken noch immer um mich her, und schweben mir auf jedem Blatte, das ich lesen will, vor Augen. – Wie froh bin ich, daß ich das Stück vorher nicht gelesen hatte! Hieraus können sie schliessen, daß es auch nicht schlecht gespielt worden. Sie wissen, wie weit meine Forderungen von dieser Art zu gehen pflegen, und daß ich mich hierinn nicht immer so leicht begnüge, wie Sie. Aber die Schauspieler haben fast alle mit einander meine Erwartung weit übertroffen; so wie Sie selbst ihr völlig Genüge gethan haben; denn übertreffen können Sie dieselbe wohl niemals. – Die Hohlen und die Schultzen haben ganz unverbesserlich schön gespielt. Die Méziere, (Sie wissen wohl, daß diese bisher mein einziges Ideal in dieser Art gewesen,) hätte unmöglich besser spielen können. Selbst Döbbelin spielte seine Rolle mit wahrer Würde und mit einem theils fürchterlichem, theils rührenden Ernste. – Nachdem der Vorhang niedergelassen war, wurde von mir und einigen Mitverschwornen dem glorwürdigen Verfasser zu Ehren ge-

klatscht. Wenn er selbst zugegen gewesen wäre, so hätte ich, glaube ich, überlaut seinen unbeschreiblich süßen und werten Namen ausgeschrieen. Bald darauf wurde eben das Stück auf künftigen Montag wieder angekündigt, und da klatschten wir von neuem. [...] Gönnen Sie sich doch selbst bald das Vergnügen, sie zu sehen, als die geringste Belohnung für alles das unaussprechliche Vergnügen, das Sie uns gemacht haben, o Shakespear-Lessing.
[...]
[Nachsatz] Wenn ich dießmal unleserlicher, als sonsten geschrieben habe, so kömmt es daher, daß mir noch alle meinen Nerven von der gestrigen Erschütterung zittern, und ich eine Art von Fieber habe.«

Schriften 20,150 f.

Lessing an Eva König (1736–1778, Lessings spätere Frau), 15. März 1772:

»[Das Stück] ist am 13ten dieses, vorgestern, als an dem Geburtstage der regierenden Herzoginn, in Braunschweig aufgeführt worden. Ich bin aber nicht bey der Aufführung gewesen; denn ich habe seit acht Tagen so rasende Zahnschmerzen, daß ich mich bey der eingefallenen strengen Kälte nicht herüber getraut habe. – [...] Morgen wird es zum zweytenmal gespielt, aber ich glaube schwerlich, daß ich es werde sehen können, ob ich schon ausdrückliche Einladung erhalten habe.«

Schriften 18,24.

Am 16. März 1772 schreibt Lessing an Johann Arnold Ebert:

»Ich wollte um so wie vieles nicht bey der Vorstellung meines neuen Stückes gewesen sein: denn so hätte ich Ihren Brief darüber nicht erhalten. – Wenn ich nicht längst wüßte, wie ein gar zu warmer Freund Sie sind: so könnte mich die-

ser Brief bereden, etwas Besonderes gemacht zu haben. Aber heute, da Sie hoffentlich kälter sind, würde er schon ganz anders lauten. Und noch mehr dürften Sie davon zurücknehmen, wenn Sie das Stück nunmehr gedruckt lesen. Hier ist es […].
Auch heute kann und mag ich das Stück noch nicht spielen sehen. Kann nicht: weil ich krank bin. Mag nicht: weil mir der Kopf davon noch warm ist, und es mir erst wieder fremd werden muß, wenn mir das Sehen etwas nützen soll.«

Schriften 18,26f.

Lessing schickt am 22. März 1772 an Johann Wilhelm Ludwig Gleim (1719–1803) ein Exemplar der *Emilia Galotti.* Bevor er einige Bemerkungen zu dem Stück macht, kommt er, aus Anlass von Gleims Sammlung *Lieder für das Volk* auf einiges Grundsätzliche in dichtungstheoretischer Hinsicht zu sprechen, was auch in den Überlegungen zum bürgerlichen Trauerspiel von Belang ist (s. Kap. IV).

»Man hat oft gesagt, wie gut und nothwendig es sey, daß sich der Dichter zu dem Volke herablasse. Auch hat es hier und da ein Dichter zu thun versucht. Aber noch keinem ist es eingefallen, es auf die Art zu thun, wie Sie es gethan haben: und doch denke ich, daß diese Ihre Art die vorzüglichste, wo nicht die einzig wahre ist.
Sich zum Volk herablassen, hat man geglaubt, heiße: gewisse Wahrheiten (und meistens Wahrheiten der Religion) so leicht und faßlich vortragen, daß sie der Blödsinnigste aus dem Volk verstehe. Diese Herablassung also hat man lediglich auf den *Verstand* gezogen; und darüber an keine weitere Herablassung zu dem *Stande* gedacht, welche in einer täuschenden Versetzung in die mancherley Umstände des Volkes besteht. Gleichwohl ist diese letztere Herablassung von der Beschaffenheit, daß jene erstere von selbst daraus folgt; da hingegen jene erstere ohne diese letztere nichts als

ein schales Gewäsch ist, dem alle individuelle Application fehlt [...].
Ich hätte Ihnen auch schon eher geantwortet, wenn ich nicht in der dringendsten und zugleich unangenehmsten Arbeit bis über die Ohren steckte. Der alte verlegene Bettel meiner vermischten Schriften kostet mir viele Zeit: und noch mehr hat mir das neue Stück weggenommen, das ich Ihnen hierbey schicke – oder vielmehr der Freundin meiner Minna schicke. – Meynen Sie nicht, daß ich der Mädchen endlich zu viel mache? *Sara! Minna! Emilia!*«

Schriften 18,27f.

JOHANN WILHELM LUDWIG GLEIM antwortet Lessing bereits am 24. März 1772:

»Welch ein deutsch-Shakespearisches Meisterstück! Ich umarme Sie dafür, für mich und alle meine Halberstädter, die es mit dem ersten Beyfall, den man der höchsten Vollkommenheit zu geben pflegt, aufgenommen haben [...], Schade für den Verleger, und für die Ausbreitung des Geschmacks an solchen Meisterstücken, daß hier nicht gleich Exemplare gewesen sind. Denn nun haben die meisten hiesigen Leser mir das meinige abgeborgt, haben das Stück gelesen, bewundert, und mir zurück gegeben. Hätte jeder ein Exemplar gekauft, so hätte jedes Bewunderung mehr Leser nach sich gezogen.«

Schriften 20,152.

Am 25. März 1772 schreibt JOHANN WILHELM LUDWIG GLEIM nochmals begeistert an Lessing:

»Meine Nichte macht *ihrem Leßing* eine tiefe Verbeugung! Sie glauben nicht, wie stolz sie, seit diesem Morgen, als sie merckte, daß unter dem Nahmen der Freundin ihrer Minna, sie gemeinet sey, geworden ist. Solcher Mädchen, sagt sie, können nicht genug werden! Die letzten sind immer die besten! Emilia Galotti, so vortrefflich sie ist, soll immer nicht die beste bleiben.«

Schriften 20,153.

Und der *Wandsbecker Bothe* vermeldet in seiner Ausgabe vom 21. März 1772 unter der Überschrift »Braunschweig, den 16 März 1772«:

»Deß Hrn. Lessings Emilia Galotti ist hier zum erstenmal mit ausserordentl. Beyfall aufgeführt worden. Sie wissen, was Leßing fürs Theater zu schreiben pflegt, aber man sagt hier durchgehends, daß er diesmal noch mehr geschrieben habe.«

Braun, Bd. 1, S. 352.

Am 24. März 1772 berichtet die *Staats- und Gelehrte Zeitung des Hamburgischen unpartheyischen Correspondenten*:

»Endlich wieder einmal ein Trauerspiel – ein deutsches Original – von dem Verfasser der Miß Sara Sampson, das uns verschiedene andre, schwache, copirte, in deutscher Sprache geschriebene, lange Zeit wird vergessen lassen, und welches wir zuversichtlich der besten Englischen und Französischen Tragödie an die Seite setzen können. Loben wollen wir nicht. Ein jeder weiß, wie Herr Leßing die einfachste Begebenheit zu dem interessantesten Stück umschaffet, was für Situationen er anleget, wie er die Charaktere bearbeitet, und – welcher Dialog in seinen Schauspielen herrschet. Man lese Emilia Galotti, nur ein paar Seiten, und gleich wird man fortgerissen. Lauter Action vom Anfange bis zum Ende des Stücks, keine langweilige Tiraden, keine frostige Sentenzen, die in jedem Sittenbüchelchen stehen [...].
Man kann aus vielen guten Trauerspielen Stellen ausziehen, welche allein gelesen, wenig an ihrer Schönheit verlieren; al-

lein, einzelne Stellen aus Emilia Galotti gezogen, verlieren unserer Meynung nach, zu viel. Und kann dieses in einem Stücke, wo lauter Action ist, wol anders seyn? Aber eben dadurch erhält Herr Leßing einen Rang unter den vornehmsten dramatischen Dichtern, auch der Ausländer, zu dem wenige hinangekommen sind. […] Wir wissen nicht, ob sich der Herr Verfasser die Geschichte des Stücks selbst geschaffen, und, um den Charakter des Vaters der Emilia mehr Wahrscheinlichkeit zu geben, eine Italienische gewählet, ob er sie wirklich irgendwo gefunden habe.«

Braun, Bd. 1, S. 352–354.

In der *Gnädigst privilegierten Neuen Braunschweigischen Zeitung* kommentiert JOHANN JOACHIM ESCHENBURG (1743–1820) Ende März 1772 die Anlage des Trauerspiels insgesamt sowie die der einzelnen Figuren; zudem nimmt er Stellung zur Aufführung in Braunschweig:

»Unter allen Merkmalen des Genies, woran dieses Stück so ungemein reich ist, sticht keins durchgehends mehr hervor, als eben diese weise, unnachahmliche Oekonomie, mit welcher der Dichter das simpelste Subjekt in einen Plan zu verweben gewußt hat, der nichts von dem zusammengestückten Ansehen episodischer Behelfe an sich hat, der keiner einzigen müßigen und ermüdenden Scene, keiner kalten oder romanhaften Deklamation, keiner frostigen Erzehlungen, keiner widernatürlichen Situationen, zu seiner Consistenz bedurfte; sondern in welchem alles aus dem zum Grunde liegenden Stoffe in der natürlichsten Folge herausgezogen, jede Scene durch Handlung, durch Aeusserung der treffendsten Charaktere belebt, der Ton des Gesprächs diesen Charakteren und der Natur höchst gemäß ist, jeder Umstand, der zur Entwickelung des Subjekts gehörte, entweder unmittelbar, oder doch in seinen nächsten Folgen, vor den Augen des intereßierten Zuschauers vorgeht, und

so vorgeht, wie es der Natur der dabey spielenden Leidenschaften und der einmal festgesetzten Charaktere der handelnden Personen erforderte.
Alle diese Vorzüge, denken wir, sind an diesem Stücke so einleuchtend, die Schönheiten desselben sind so treffend, daß es uns befremden sollte, wenn einer oder andrer von den Zuschauern oder Lesern desselben nicht davon völlig gerührt und eingenommen wäre, und bey sich einer kalten Kritik, gegründet auf verwöhnten Geschmack und eingeschränkte Vorurtheile, Raum geben könnte [...].
Emilia Galotti, ein Mädchen voller Liebreitz, Bescheidenheit und der sanftesten Unschuld, welche durch Erziehung und Religion in ihr gebildet und gesichert ist. Edeldenkend, und doch dabey weiblich und jugendlich; ein fein gemischter Charakter, dessen Trennung uns schon so manches romanhaftes Mädchen aufs Theater gebracht hat; schüchtern und bey unerwarteten Begebnissen äusserst betroffen; aber bald wieder in sich gekehrt und gesetzt [...]. Ihr ganzes Verhalten, wenn sie nun in den Händen des Prinzen ist, entspricht ihrer oben angeführten Gemüthsart völlig; und die grausame Bitte an ihren Vater, ihr den Tod zu geben, wird die ganze siebente Scene des letzten Aufzugs hindurch, auch von ihrer Seite meisterhaft vorbereitet: durch ihre anscheinende Ruhe, die, sobald sie ihre Gefahr wahrnimmt, wieder gestöhrt, und zur ängstlichen Besorgniß, sogleich aber wieder zur gesetzten Entschlossenheit wird, sich durch keine Gewalt zwingen zu lassen. Und in dieser Fassung, wie natürlich, daß sie beim Anblick eines Dolchs, ihn als das geschwindeste Mittel ansieht, aller Verführung auszuweichen, deren Gewalt sie sich itzt aufs lebhafteste vorstellt, und dabey das Gefühl der Natur, und ihres warmen, jugendlichen Bluts in ihre Seele zurückrufe! Auch ihre strenge Denkungsart in der Religion kann ihr hier nicht in den Weg treten; sie sieht, nach den Begriffen ihres Glaubens, einen solchen Tod für Märtyrertod an. Ihr Vater befriedigt den Wunsch desselben; und noch behält sie die

Überzeugung, er habe nur ›eine Rose gebrochen, ehe der Sturm sie entblättert‹.
[...] Es sey uns erlaubt noch zwei Worte zu der Vorstellung des vortrefflichen Stückes hinzu zu fügen. Man hat in einigen auswärtigen Blättern ein sehr beleidigendes und nachtheiliges Urtheil von der ersten Vorstellung einrücken lassen, welches wir auf keine Weise billigen können. [...] Man sieht zu deutlich, daß der Urheber dieser Nachricht die eine Schauspielergesellschaft durchaus auf Unkosten der andern erheben wollte. Wir finden dergleichen allgemeine, unbestimmte, und diktatorische Aussprüche sehr lieblos und ungerecht, und der Kunst selbst legt man dadurch gewiß die größten Hindernisse in den Weg. Der Wahrheit zu Ehren müssen wir also sagen, daß die Döbblinsche Schauspielergesellschaft, im Ganzen genommen, dies Stück recht sehr gut aufgeführt hat; dies sagen wir nicht allein, sondern wir haben Gelegenheit gehabt, hierüber die Stimmen von Kennern aus hohen und niedern Ständen zu sammeln. Ja, wir gestehen dreist, die vornehmsten und wichtigsten Rollen, die der Verfasser selbst vertheilt hatte, sind so vorzüglich aufgeführt worden, daß jede andere Schauspielergesellschaft genug zu wetteyfern haben wird, der Döbbelinschen es in diesem Stücke gleich zu thun.«

Braun, Bd. 1, S. 354 ff.; 365 f.

Karl Wilhelm Ramler (1725–1798) bemerkt am 28. März 1772 in der *Berlinischen privilegierten Zeitung*:

»Emilia Galotti behauptet, ebenso wie Minna von Barnhelm, nicht bloß auf dem deutschen Theater, sondern auf dem großen klassischen Theater der gelehrten Welt, einen vorzüglichen Rang [...].
Viele Liebhaber der Bühne haben sich seit einiger Zeit merken lassen, Tragödien, wie Miß Sara, wie Romeo [...] wären allzutraurig, erregten zu viel Thränen. Unser Dichter giebt

ihnen hier eine Emilia, die keinen Strom von Thränen, sondern gleichsam nur Keime von Thränen, und einen heilsamen Schauer von Schrecken erregt. Was werden diese zweydeutigen Liebhaber nunmehr sagen? Sie werden sagen: Man weint nicht genug in eurer Emilie, man lacht sogar darinn; und werden das Lachen der Bosheit, des Hohnes, der Bitterkeit, und das schreckliche Lachen des Trübsinns und einer halben Raserey, mit dem komischen Lachen der Lustigkeit und des Leichtsinns verwechseln.

Doch genug von dem Bösen, was einige hier suchen werden. Wir müssen den Lesern anzeigen, was andere Gutes in diesem neuen Stücke unsres dramatischen Dichters finden. Sie finden darin wahre Charaktere geschildert: nicht solche, die gar keinen Schein von Fehlern haben; auch nicht solche, die keinen Anstrich von irgend einer Tugend haben: sondern solche, wie sie die Natur geschaffen hat und noch schaffen kann. Sie finden ferner, daß die Charakter vortrefflich von einander abstechen und zwar nicht so, wie Schwarz und Weiß (welches gar keine Kunst erfodert), sondern wie sie Shakespeare und Homer zu schattieren wissen. Da die Scene des Schauspiels Italien ist, so hat der Dichter nicht allein Sitten der Welt, Sitten der Prinzen, der Hofleute, der Künstler, der Religiosen, der Biedermänner, ja sogar der Räuber und Mörder überhaupt geschildert, sondern er hat noch vieles von dem Eigenthümlichen des Landes hinzu zu thun gewußt. Was seine Sprache anbetrifft, so ist sie die Sprache der mannigfaltigen Natur, aber die lebhafte und kurze, die nachdrücklich und dennoch leichte Sprache der Natur; nicht wie die einförmige Sprache der Studierstube, nicht die einförmige Sprache so manches berühmten ausländischen Dichters, bey welchem die Prinzessin Tochter, und der tapfere Vater, und der alte Bediente, und die junge Vertraute ungefähr einerley Sprache, und mehrentheils eine zu künstliche, übertriebene, declamatorische Sprache führen.«

Braun, Bd. 1, S. 366f.

Die *Berlinische pivilegierte Zeitung* notiert am 7. April 1772:

»Gestern wurde hier von der Kochischen Gesellschaft deutscher Schauspieler Emilia Galotti, ein Trauerspiel in 5 Akten von Herrn Leßing zum ersten male mit vielen Beyfall aufgeführt, und wird auf Zurufung des Parterrs heute wiederholt. Den Beschluß mach ein Balett: Der Vogelfang.«

Braun, Bd. 1, S. 368.

Anlässlich der Berliner Aufführung schrieben FRIEDRICH NICOLAI und Karl Lessing ausführliche Kommentare zu der Aufführung, Nicolai, der die *Emilia* noch nicht gelesen hatte, machte in einem Brief an G. E. Lessing vom 7. April 1772 noch einige Anmerkungen zu dem Stück selbst, mit einigen Vorschlägen und Einwänden:

»Ich habe warten wollen, Ihnen meine Meynung über Ihre Emilia zu sagen, bis ich sie hätte vorstellen sehen. Dies ist gestern geschehen. Soll ich Ihnen über Ihr Meisterstück Complimente machen? Das erwarten Sie nicht, und das werde ich auch nicht thun. Daß mir das Ganze überschwenglich gefällt, können Sie voraussetzen. [...] Wäre es Ihrem Vorhaben gemäß gewesen, die Claudia und Orsina in dem letzten Acte wieder vorzubringen, so würde es vielleicht große Wirkung gethan haben; denn ich will Ihnen nicht verbergen, daß nach der vortrefflichen Scene der Claudia mit dem Marinelli, das Stück im vierten und fünften Acte etwas an Feuer verliert. Orsina stutzt freylich den vierten Act auf; in dem fünften aber wünschte ich ein weibliches Geschöpf außer der Emilia. Viele haben es nicht begreifen können, und halten es für unnatürlich, daß der Vater seine geliebte Tochter blos aus *Besorgniß der Verführung erstechen* könne. Diese aber sehen die große Wahrheit nicht ein, die Emilia sagt, daß Gewalt nicht Gewalt, sondern daß

Verführung, liebreizende Verführung, Gewalt ist. Mein Freund, der Prediger Eberhard, sagt: die Emilia ist ein Rock auf den Zuwachs gemacht, in den das Publicum noch hinein wachsen muß. Dies gilt unter anderem auch in der letzten Scene. Sollte ich aber etwas hierbey wünschen, so wäre es, daß sie von der Verführung etwas auf dem Theater hätten vorgehen lassen, daß sie den Prinzen hätten in einer Scene pressant seyn lassen, und daß Emilia zwar nicht gewankt hätte, aber doch in einige Verlegenheit gerathen wäre. Alsdann würde das Publicum die Bitte der Emilia um den Dolch gerechter gefunden haben, als jetzt, da es die gefährlichen Grimaldis nicht vor Augen sieht und den Prinzen noch lange nicht dringend genug findet.

Viele finden die poetische Gerechtigkeit nicht genug darin beobachtet, daß Marinelli nicht bestraft wird. Hierauf antworte ich: Es ist genug, wenn Jedermann den Marinelli verabscheuet. Und ich leihe Ihnen noch einen Grund: Ich sage, dies ist die lebhafteste Schilderung des Charakters schlechter Prinzen, und zugleich eine treffende Satire auf dieselben. Wenn sie sich von ihren Günstlingen, die ihren Wollüsten fröhnen, Schritt für Schritt verführen lassen, die größten Gewaltthätigkeiten und Schandthaten durch Zulassung zu begehen: so bestrafen sie den Günstling mit einer Verweisung auf seine Güter und nehmen einen anderen [...].

Vater und Mutter sind überaus richtig und treffend gezeichnet. Die Gräfin Orsina ist neu, und kann der angenommenen Natur natürlich seyn; nur ein Paar gelehrte Stellen wünschte ich weg [...]. Wir müssen uns hierüber einmal mündlich besprechen; schriftlich kann ich mich darüber nicht erklären [...].

Nun noch ein Wort zu der gestrigen Vorstellung. Ich muß Ihnen sagen, daß die Aufführung über mein Erwarten ausgefallen ist; denn ich zitterte, (dies unter uns) daß es *diese* Truppe ganz verderben möchte. Ich befürchtete, daß die Spieler, zumal in der Eil, in der sie die Rollen haben lernen

müssen, noch weit weniger von den Rollen verstehen würden, als sie wirklich verstanden haben. Zuerst, versichere ich Sie, daß die Starkin die Claudia meisterhaft spielte; ich wüßte nicht, wie man den dritten Act besser spielen sollte, als sie gethan hat. Dies ist nicht allein mein Urtheil, sondern auch das Urtheil aller, auf deren Urtheil (in Berlin) Sie einiges Gewicht legen, besonders Moses Urtheil. Die Steinbrecherin jun. hat die Emilia besser gespielt, als man vermuthen konnte. Sie hat freilich nicht das jugendliche Ansehen, das ihr zu dieser Rolle zu wünschen wäre; auch machte sie mir einige Stellen nicht lebhaft genug. Aber sie hat nicht allein alles, was ans Naive gränzt, sehr gut gemacht, sondern auch, was das meiste ist, ihre ganze Rolle, bis auf einige Kleinigkeiten, verstanden. Ein wenig mehr Feuer wird sie sich wohl künftig geben können; denn man hat es ihr gesagt. Die Orsina hat die Kochin noch besser gespielt, als ich mich zu erwarten getrauete. Was sie verstanden hat, das heißt ein starkes Drittel der Rolle, ist ganz gut gewesen. Freylich hat sie wohl an zwey Drittel nicht verstanden; aber die Rolle ist so schwer, daß wenige Schauspielerinnen sie ohne Beyhülfe werden fassen können. Ihr größter Fehler war, daß sie die Reden, die sie aus Phantasie sprechen sollte, aus richtiger Überlegung sprach. Ich glaube aber doch, daß man ihr noch wird begreiflich machen können, daß ihr Geist abwesend scheinen muß, wenn sie gewisse Dinge sagt; und dann wird diese so sehr schwere Rolle von ihr leidlich gemacht werden.
Brückner ist, wie sie wissen, in seinem Spiele ziemlich auf Draht gezogen. Dies hat er auch in seinem Marinelli gestern nicht verläugnet. Ganz war er der geschmeidige Hofmann nicht. Aber dennoch war Vieles ganz gut, sonderlich für das allgemeine Publicum; kurz, Brückner hat den Charakter so gut gespielt, als er ihn, nach seiner einmal angenommenen Spielart, spielen konnte. Ich glaube auch, aus einigen Discursen gestern Abend, daß er einige Stellen künftig noch feiner machen wird.

Herlitz hat den schwachen Hettore zu einer Mazv-[5] gemacht. So schwach haben Sie ihn nicht haben wollen. Aber freylich war kein anderer Spieler da, der den Prinzen hätte mit allen feinen Nüanzen machen können, die Sie diesem Charakter gegeben haben.
Es ist ein großer Fehler, daß der Odoarden Schuberten und nicht Schmelzen gegeben wurde, der den Mahler macht. Dies kommt daher, daß die Rollen ausgeteilt und auch zu lernen angefangen wurden, als erst drey Acte hier waren. Man hat nicht daran gedacht, daß der Vater im vierten und fünften Act solche wichtigen Scenen haben könnte. Der gute Schubert macht, sein gewöhnliches Perorieren ausgenommen, einige etwas ruhige Stellen ziemlich gut. Aber zur Heftigkeit fehlt ihm Stimme und Stellung, und noch mehr mißlingt ihm der innerlich kochende, äußerlich kalte Zorn.
Es ist in Berlin über dieses Stück von den französisch gesinnten nach dem Lesen überaus viel Böses gesagt worden; aber es scheint, daß die Aufführung diese Kritiken meist niederschlagen werde […].
Der Beyfall war ganz allgemein. Der General Ziethen hatte auf heute den Erntekranz bestellt; aber auf Zurufen des Paterre wird heute Emilia wiederholt, und wird auch wohl noch einige Tage wiederholt werden.«

Schriften 20,157 f.

Am 11. April 1772 schreibt Karl Lessing an G. E. Lessing:

»Emilia ist nun hier aufgeführt worden, und zwar dreymal hinter einander. – Wie? – Ziemlich gut; gut kann ich auch sagen, und besser als man es sich von dieser Gesellschaft versprach […].
Ob es Dir viel Vergnügen machen würde, wenn Du die hiesige Aufführung sähest, ist eben so eine Frage, als wie Dir die Braunschweigische gefallen? Es ist nicht recht, daß Du

5 Matzfotz: Schwächling.

mir gar nicht davon geschrieben! Nach den öffentlichen Blättern kann ich davon denken, was ich will; denn nach einigen war sie gut, nach andern schlecht.«

Schriften 20,162 f.

Am 20. April 1772 folgt erneut ein Brief von KARL LESSING an G. E. Lessing:

»Hier geht die Rede, Du hättest das Ende von Deiner Emilia Galotti abgeändert. Herr Voß, der Dich zu tausendmalen grüßt, bittet Dich, wenn es wahr ist, ihm die Abänderung zukommen zu lassen. Er sieht sich genöthiget, eine neue Ausgabe von diesem Trauerspiele zu machen, da aus Versehen zu wenig davon gedruckt worden ist [...]. Sey also so gut und benachrichtige mich hiervon mit erster Gelegenheit.«

Schriften 20,165.

Am 22. April 1772 antwortet G. E. Lessing seinem Bruder:

»Du wirst es vielleicht errathen, warum ich Dir so lange Zeit nicht geschrieben. – Weil ich in eben so langer Zeit nichts arbeiten können. Fast bin ich wieder da, wo ich vor dem Jahre war; und wenn ich mich schlechterdings anstrengen muß, so kann es noch schlimmer werden. Diese meine Zerrüttung (Krankheit kann ichs freylich nicht nennen) ist denn auch Schuld, daß ich mein neues Stück noch nicht aufführen sehen, ob es gleich schon dreymal aufgeführt worden.«

Schriften 18,34.

Ein weiterer Brief G. E. Lessings an seinen Bruder folgt am 2. Mai 1772:

»Wer Dir gesagt hat, daß ich den Schluß meiner Tragödie geändert, der hat gelogen. – Was will man denn, das ich daran ändern soll? – Überhaupt, wer Dir von mir und dem neuen Stücke etwas anders sagt, als daß ich mir alle Mühe gebe, es zu vergessen: dem glaube nur ja nicht.«

Schriften 18,40.

Matthias Claudius (1740–1815) bespricht im *Wandsbecker Bothen* am 14. und 15. April 1772 das Trauerspiel, eine Paraphrase aus dem Gespräch über die Gemälde aus der *Emilia* verwendend (vgl. I/4):

»Der Künstler scheint mit dem Auge gemalen zu haben, weil so wenig auf dem langen Weg aus dem Auge durch den Arm in den Pinsel verlohren gegangen ist [...].
Das erste also was ich von dem Trauerspiel ›Emilia Galotti‹ zu sagen habe, ist daß es mir gefallen hat. Das heißt nun freylich eben nicht viel gesagt, aber es ist auch nie meine Sache gewesen viel zu sagen. Ich habe einen vornehmen gelehrten Herren sagen hören, daß ihm das Stück nicht gefallen habe und mich dünkt das ist noch ein gut Theil weniger gesagt. Freilich wenn ich wüßte, was zu einem guten Trauerspiel gehörte, da könnte ich weitläufig sagen so und so, und warum dies und das gut ist, so aber – und doch – und doch (denn warum sollte ich mich nicht mit dem Prinzen vergleichen, ich mich nicht mit ihm vergleichen? – ich tauschte doch wahrhaftig mit ihm nicht) und doch gehts mir dünkt mich, wie dem Prinzen, als er zum Mahler Conti sagte: ›Lieber Conti, wie darf unser einer seinen Augen trauen? Eigentlich weiß doch nur ein Mahler von der Schönheit zu urtheilen.‹ Der Mahler Conti antwortete ihm. Und eines jeden Empfindung sollte erst auf den Ausspruch eines Mahlers warten? – Ins Kloster mit dem, der erst von uns lernen will was schön ist [...].
Der Schuß im ersten Auftritt des dritten Aufzugs hat mich recht erschreckt, ich war mir auf hundert Meilen noch keinen Schuß vermuthen, und denn so hat mich die Orsina

auch ein paarmahl recht überrascht, ich erwartete so viel Geist und Entschlossenheit und festen Muth von einem Frauenzimmer nicht. Zwar es muß einen wohl rasend machen, wenn so ein Mann –
Eines kann *ich* mir in diesem Augenblick nicht recht auflösen, wie nämlich die Emilia [...] so zu sagen bey der Leiche ihres Appiani an die Verführung eines andern und dabey an ihr warmes Blut denken konnte. Mich dünkt ich hätte in ihrer Stelle halb nacket durch ein Heer der wollüstigsten Teufel gehen wollen, und keiner hätte es wagen sollen mich anzurühren. Zwar ich kann heute nicht für die Richtigkeit meiner Empfindung stehen.«

Braun, Bd. 1, S. 373–375.

Aus Wien erhielt Lessing am 15. Juli 1772 Nachricht von Eva König, die dort die Aufführung von *Emilia Galotti* gesehen hatte:

»Ihr neues Stück ist vorige Woche drey Tage nach einander aufgeführt worden, und zwar mit außerordentlichem und allgemeinem Beyfall. Der Kaiser hat es zweymal gesehen und es gegen G.[6] sehr gelobt. Das muß ich aber auch gestehen, hat er gesagt, daß ich in meinem Leben in keiner Tragödie so viel gelacht habe. Und ich kann sagen: daß ich in meinem Leben in keiner Tragödie so viel habe lachen hören; zuweilen bey Stellen, wo, meiner Meinung nach, eher hätte sollen geweinet, als gelacht werden.
Die Vorstellung ist sehr mittelmäßig ausgefallen. Nur allein die Huberinn, die die Rolle der Mutter machte, hat, meines Erachtens, in der größten Vollkommenheit gespielt. Wenigstens ich habe in meinem Leben keine Rolle so ausführen sehen, und bey keiner das empfunden, was ich bey der empfand. Den Prinzen machte Stephanie der Ältere, ich möchte fast sagen: so schlecht wie möglich. Die schöne Scene mit

6 Tobias Freiherr von Gebler (1726–1786), Dramatiker, österr. Politiker.

dem Mahler, die verliert hier ihren ganzen Werth. Denn die spielt der Prinz und der Mahler, beide zugleich so abgeschmackt, daß man sie möchte mit Nasenstübern vom Theater schicken. Stephanie wird täglich affektirter und unerträglicher, besonders in seinem stummen Spiele. Was thut er zuletzt in Ihrem Stücke? Er reißt sein ohnedem großes Maul bis an die Ohren auf, streckt die Zunge lang mächtig aus dem Halse, und leckt das Blut von dem Dolche, womit Emilia erstochen ist. Was mag er damit wollen? Ekel erregen? Wenn das ist, so hat er seinen Endzweck erreicht.«

Schriften 20,187 f.

Am 21. Mai 1772 vermerkt der Altonaer *Beytrag zum Reichs-Postreuter*:

»Man hat dies Stück nach Art der englischen Bühne, mit einem Prolog und Epilog aufgeführt: man hat es weder mit einem Ballette noch mit einem Nachspiel begleitet, und der Epilog war, wie der Prolog, ernsthaft, nicht, wie es gemeiniglich auf der engl. Bühne zu seyn pflegt, mit abgeschmacktem Witze, mit übel angebrachter Satire angefüllt. Eine Neuerung, die meinen ganzen Beifall verdient, und den Wunsch, daß sie allgemeiner werden möge, wiewol gegen den Prolog und besonders gegen den Epilog viel zu erinnern wäre.«

Braun, Bd. 1, S. 384.

Am 4. Mai 1772 schreibt der begeisterte CHRISTOPH MARTIN WIELAND (1733–1813) an J. W. L. Gleim:

»Lessings Emilia Galotti, die ich in Weimar zuerst in die Hände bekam, hat mir so ausserordentlich wohlgefallen, daß ich ihm auf der Stelle eine Art von Huldigungs-Brief schrieb; den ersten den ich in meinem Leben an diesen grossen Mann geschrieben habe. Ich bin begierig zu sehen wie er ihn aufnehmen wird.«

In: Wielands Briefwechsel. Hrsg. von der Akademie der Wissenschaften der DDR, Zentralinstitut für Literaturgeschichte durch Werner Seiffert. Bd. 4: Briefe der Erfurter Dozentenjahre (25. Mai 1769 17. September 1772) bearb. von Annerose Schneider [u. a.]. Berlin 1979. S. 489f.

Der Brief von Christoph Martin Wieland an Lessing ist verschollen, aber Lessings Antwort vom 2. September 1772 ist überliefert:

»Ich glaube einem Manne zu antworten, der es nicht erst seit gestern weiß, wie unendlich hoch ich ihn schätze. Aber eben das macht meine Antwort um so schwerer.
Dieser Mann, weit unter dem, in der vermessensten Stunde meiner Eigenliebe, ich mich immer in allem gefühlt, worauf Schriftsteller stolz seyn können, – dieser Mann versichert mich, über eines meiner Werke, von dem ich nicht wünschte, daß es mein bestes bleiben möchte, seines Beifalls auf eine Art – auf eine Art! Ironie kann es nicht seyn. Was soll ich diesem Manne antworten? Gänzliche Ablehnung seines Lobes, wäre Beleidigung. Gegenlob wäre eben so grosse Beleidigung; und schaler. Er antworte sich selbst, statt meiner.
Aber wenn Emilia nicht völlig die Wirkung eines ungewohnten betriegerischen Weines auf ihn gehabt hat, der unsere Geister eben so schnell wieder sinken läßt, als schnell er sie erhoben; wenn er itzt in einer kalten nüchternen Stunde – und ich habe leider meine Antwort bis auf diese kalte Stunde verschieben müssen; – wenn er itzt seinen Brief nicht bereuet: welche gefährliche Reizung für mich! Ist der vollkommenste Leser den ich mir denken kann damit zufrieden: wohl gut –
Doch er besorge nicht, daß ich sein Lob misbrauchen wer-

de. Ich will es nicht vergessen, daß der vollkommenste Leser auch zugleich der gutherzigste ist. Was er aber selbst hinzudenkt, macht ihn wärmer, als was er lieset: und doch hat er die Gefälligkeit, seine ganze Empfindung dem Buche zu danken.«

Schriften 18,52 f.

Die *Berlinische privilegirte Zeitung* rezensiert am 25. April 1772 die *Trauerspiele von Gotth. Ephraim Lessing* (Berlin 1772). Der Band enthält *Sara Sampson*, *Philotas* und *Emilia Galotti.* Mit Bezug auf *Emilia Galotti* heißt es dort:

»Knäbchen, Stutzerchen, Mäcenate, Jüngferchen und geschmackvolle Damen, versichern aus ihrem Handbüchelchen über die schönen Wissenschaften, daß weder der Grundsatz der Nachahmung der schönen Natur, noch die Würde des Trauerspiels erlaube, daß eine verlassene gräfliche Schöne eines Prinzen Schnickschnak und dergleichen niedrige Worte im Munde führe, noch ein Graf einen Kammerherrn einen Affen schimpfe.
Hiermit haben wir gar nicht die Absicht, dergleichen Urtheile zu hemmen; wir sind überzeugt, sie schaden nichts, und wollten darauf schwören, daß Denken und Kritisiren in unsern Zeiten nicht sehr beisammen ist. Aber den V[erfasser] wollten wir doch ersuchen, noch ein paar Trauerspiele, in dem Ton dieser Emilia der Welt zu schenken; oder wenn er noch eine vortrefflichere Art weiß, in dieser! Lesern und Zuhörern fällt er vielleicht nur darum so auf, weil er neu ist. Beyspiele der galanten Welt; das Uebrige ist ihr Pedanterey! […]
Noch ein Wunsch, den wir nicht ungeäußert lassen können! Wenn doch aus den Stücken aller theatralischer Schriftsteller, das Wachsthum des Genius so sichtbarlich erkannt werden könnte, als aus diesen drey Trauerspielen.«

Braun, Bd.1, S. 379.

Lessings *Emilia Galotti* wurde noch vor der Wende zum 19. Jahrhundert ins Französische, Russische, Polnische und Englische übersetzt. Der japanische Arzt und Schriftsteller Ōgai Mori begründete mit seiner Übertragung der *Emilia Galotti* (1889–92) die Übersetzungskunst seines Landes. Auch eine Übersetzung ins Lateinische hat es gegeben: Der Rektor des Gymnasiums in Celle fertigte diese an, und sie wurde von den Schülern aufgeführt (vgl. Danzel, 1850–54, II,2,62). Zu den Übersetzungen im 19. und 20. Jahrhundert vgl. die Lessing-Bibliographien von Seifert, 1973, und Kuhles, 1988.

2. Literarische ›Fortsetzungen‹ und Umschreibungen

Zur Wirkungsgeschichte von Lessings *Emilia Galotti* gehören auch die ›Fortsetzungen‹ und Umschreibungen, die in den folgenden Jahren erschienen. Sie können zum einen als ein Hinweis für die Bekanntheit der Vorlage gelten. Dann aber zeigen sie in einer besonderen Weise auch die Kritik an dem Trauerspiel. Den Fortsetzungen und Umschreibungen ist gemeinsam, dass sie die von Lessing als ›gemischte Charaktere‹ angelegten komplexen Figuren vereinfachen und mit stereotypen Eigenschaften versehen.

Das kurze Drama *Odoardo Galotti* (1773; gedr. 1778) von Johann Jacob Bodmer (1698–1783) ist eine parodistisch-polemische Fortsetzung von *Emilia Galotti*. Die Handlung setzt noch am selben Tage ein. Es stellt sich heraus, dass Appiani den Anschlag überlebt hat, doch Emilia ist tot. Schließlich bereuen der Prinz und Odoardo ihre Handlungen und trauern zusammen mit Appiani um Emilia. Das Parodistische wird durch die Verwendung ganzer Sequenzen der Vorlage betont. Das wird auch in dem Epilog deutlich. Dieser war, so sah es der Verfasser

Johann Friedrich Bolt: Odoardo ersticht Emilia
Punktierstich nach Hans Veit Schnorr von Carolsfeld, 1803

vor, von der Schauspielerin zu sprechen, die die Emilia gespielt hat:

»Die Schauspielerinn; indem sie die Kleidung der Emilia ableget: ›Ich bin von Herzen froh, daß ich diese Kleider wieder ausziehen darf. Die Person, die ich in denselben vorstellte, stand mir gar nicht an, und ich eben so wenig ihr. [...] Ich hätte nur ein Leben zu verlieren gehabt; und die Unschuld wäre durch die gewaltthätigste Mishandlung meiner Person nicht wirklich verlohren gegangen. Die gute römische Lucretia war unschuldiger und reiner, als sie nach der Gewaltthat, da Verlust der Ehre, wiewohl es Gewaltthat war, ihr unerträglich schien, sich um das Leben gebracht; unschuldiger als diese Emilia, die durch eine Gewaltthat, die sie selbst, und an sich selbst begieng, die Schande zu vermeiden suchete.«

[Johann Jacob Bodmer:] Odoardo Galotti, Vater der Emilia. Ein Pendant zur Emilia. In einem Aufzuge: und Epilogus zur Emilia Galotti. Von einem längst bekannten Verfasser. Augsburg: Mauracher, 1778. S. 21.

Friedrich Wilhelm Basilius von Ramdohr (1757–1822) hat eine Erzählung *Odoardo und seine Tochter* verfasst, in die längere Dialoge eingearbeitet sind. Insbesondere in diesen wird Lessings Trauerspiel häufig paraphrasiert. Ramdohr erklärt sein Unterfangen, diese Erzählung zu schreiben, mit dem Ungenügen, das er hinsichtlich der Motivation für den Tochtermord hat:

»Lessings Emilia Galotti hat unter meinen Landesleuten den Ruf eines der größten Meisterstücke dramatischer Kunst. Ich bin weit entfernt, die Verdienste des schönen Werks zu verkennen. Aber es hat mir immer geschienen, daß die letzten Aufzüge den ersten an Wert nicht gleich kämen: daß der Styl des Stücks, als Trauerspiel, sich von dem des Lustspiels nicht hinreichend durch Würde unterscheide

[...] und [...] der Tod der Emilia Galotti durch ihres Vaters Hand – nicht hinreichend motivirt sey, und daher wenig tragische Wirkung hervorbringe.«

Friedrich Wilhelm Basilius von Ramdohr: Odoardo und seine Tochter. In: F. W. B. v. R.: Moralische Erzählungen. Bd. 2. Leipzig: Dyk, 1799. S. 295–406, hier S. 295 f.

Ramdohr verändert in der Erzählung den Gang der Handlung, trivialisiert sie. Der Prinz macht Emilia zum Schein einen Antrag. Orsina versucht, den Prinzen zurückzugewinnen. Sie nimmt Emilia als Rivalin ernst, ernster als andere Konkurrentinnen, von denen sie spricht (vgl. ebd., S. 388). Orsina sagt zum Prinzen: »Du wirst sie verführen, aber Du wirst nie eine Freundin, Du wirst nur ein Opfer deiner Lüste aus ihr machen. Und welche Unruhen, welche Gefahren drohen dir dann von dem entehrten, höchst stolzen Weibe, und der beleidigten, noch immer mächtigen Familie.« (Ebd., S. 386) Er bestätigt sie und bittet sie um Geduld: »Mein Gelüsten nach Emiliens Besitz wird befriedigt werden, und ich kehre zu der Gräfin Orsina zurück, mit der mich Dankbarkeit, Gleichheit der Denkungsart und Sitten, und gewiß auch Liebe unauflöslich verbinden. Nur sey vernünftig, und halte die Lösung des Knotens durch keine unzeitige Eifersucht auf.« (Ebd., S. 388) Odoardo hält Emilia, die den Antrag nicht annehmen kann und sich in der Gewalt des Hauses befindet, vom Selbstmord mit dem Dolch ab: »Du bist überspannt: Furcht oder Schwärmerey haben Dir den Gebrauch der Überlegung genommen. Warum soll die Unschuld voreilig sterben, so lange der Tod des Lasterhaften unsre Leiden enden kann?« (Ebd., S. 402) Odoardo ist zur Flucht nach dem Tyrannenmord entschlossen. Doch dem stellt sich Emilia in den Weg: Sie gesteht, den Prinzen zu lieben, schreit um Hilfe und verrät so die Gefahr für den Prinzen.

»›Schweig, Unwürdige!‹ spricht er, [d. i. Odoardo], und seine Rechte zuckt den Dolch über sie, während seine Linke sie festhält. ›Schweig, oder‹ –
›Nein!‹ antwortet Emilie, ohne den Streich, der ihr droht, abzuwehren. ›Hülfe! Man ermordet …‹
Ehe sie endigen konnte, war der Stahl in ihre Brust gesenkt. ›Ha! so stirb! wenn Du für den Nichtswürdigen sterben wolltest!‹ So spricht Odoardo, und bahnt sich mit dem blutigen Dolche den Weg durch die eindringenden Personen, die, erschrocken über den traurigen Anblick der hingestreckten Emilie, ihn nicht aufzuhalten wagen.«

Ebd. S. 405.

Er erfährt davon, dass der Prinz dennoch umgebracht worden ist. »Bey dieser Nachricht fühlt Odoardo einen Anfall von Reue über seine zu rasche That. Er verhüllt sein Haupt, und bleibt eine Zeitlang in sich gekehrt und stillschweigend stehen. Doch bald ermannt er sich und ruft: ›Ich habe noch würdigere Kinder! O Sohn meines Freundes! O mein Vaterland!‹« (Ebd., S. 405 f.)

Um 1800 erschien *Bianka* von W. Nauck. Die »Vorerinnerung« gibt dem Verfasser die Gelegenheit, einige »Flecken« an dem sonst so »vortrefflichen Stücke« (S. 3) von Lessing auszumachen. Und den sieht er in einem »Mangel eines moralischen Zwecks« (S. 7), der zur Folge habe, »daß in den Karakteren selbst manches Schwankende und Widersprechende gefunden wird.« In *Bianka* sind die Personen analog zur *Emilia Galotti* entworfen, auch sind die einzelnen Szenen in ihrer Disposition und Aneinanderreihung ganz eng an die Vorlage angelehnt. Doch aus der Kritik an Lessing zieht der Verfasser die Schlußfolgerung:

»Theils die Karaktere mehr zu verstärken und die Tinten mehr zu schwärzen; andern Theils meine Bianka nicht ganz zu den schwachen, schüchternen, seiner Tugend und Kraft so wenig trauenden Mädchen zu machen, das Lessing uns in seiner Emilie schildert; sie nicht so, wie diese, noch ehe, als sie gekämpft und gesieget hat, von der Bühne abtreten zu lassen, gleichsam als wenn sie der Dichter mit mehr Ehre mordete, als er sie den schweren Kampf zwischen Tugend und Wollust bestehen lassen kann, zwang mich, sie diesen Kampf auf alle nur mögliche Arten bestehen zu lassen, sie ihn nicht nur gegen einen zudringlichen Fürsten, nein auch noch gegen einen zärtlichen Geliebten bestehen zu lassen; zwang mich, sie, aller Stützen und Hülfe beraubt, arm und elternlos, allen ihren Muth, alle ihre Stärke nur aus sich selbst ziehen zu lassen; zwang mich, sie nicht so, wie Emilia Gallotti [sic], bloß von dem Strome der Begebenheiten fortreißen und zuletzt den Arm eines Barbaren anflehen zu lassen, daß er ihr den kleinen Gefallen erweise, sie zu morden […]. Nein, ich wollte, daß sie schon im Staube die Seele einer großen Fürstin durchblicken lasse, daß sie der Gewalt durch Verachtung des Todes, der Verführung durch Zutrauen auf sich selbst, der Liebe durch Selbstverläugnung die Stirne biete.«

[W. Nauck:] Bianka. Ein tragisches Gemälde in fünf Aufzügen. Seitenstück zu Emilia Galotti. Nebst einer kurzen kritischen Beleuchtung dieses Leßing'schen Meisterstücks. Leipzig: Meißner, [2]1802. S. 41 ff.

Das Trauerspiel endet mit dem Tod durch Gift der Bianka, das ihr von der Gegenspielerin Rivanera verabreicht worden war. Diese erdolcht sich und lässt zuvor das ganze Schloß in Flammen aufgehen.

Von Gustav Anton von Seckendorff (1775–1823) stammt das Trauerspiel *Orsina*. In der Vorrede knüpft der Verfasser unmittelbar an Lessings Trauerspiel an, wenn er feststellt:

»Hätte nicht der unsterbliche Lessing in seinem Trauerspiele Emilia Galotti den Karakter der Orsina als zu Extremen führend angelegt, hätte er nicht daneben im Faden der Geschichte Lücken gelassen, so würde ein Folgestück unmöglich gewesen seyn. Was muß, nach des Emiliens Tode für den Prinzen vor der Welt geschehen? Wie wird sich Orsina zeigen, nachdem ihre Nebenbuhlerin todt ist, sie selbst aber noch keine Rache an dem Prinzen genommen hat? [...] Vom Höfling Marinelli eine Philosophin, soviel als Närrin, genannt, welcher Bücher den Rest geben werden, erscheint Orsina in Lessings Tragödie leidenschaftlich überspannt, daher sie thatengierig und doch weich ist. Aber was überspannt sie? Darauf kommt es an. Ewige, aber betrogene Liebe, Rachsucht und Ehrgeiz sind es, welche die Sophisterey in ihr erzeugen, hinter welche sie sich vor sich selbst verbergen möchte. Darum erscheint ihr Karakter, beym Lessing, bald tief, bald hoch. Dort zeigt sich ihr erster Schmerz, welcher Wuth und Schmerz des alten Odoardo theilen will. [...] Dieser Karakter sollte zur Mittelmäßigkeit zurückkehren können? Nach dem ersten Sturm, während dessen sie alles auf dem Markte ausschreyen will, kann nur der Gegensatz, kann nur langhingesponnene Intrigue aus Rache entstehen, mag daneben mancher edle Herzenszug fortleben.«

G[ustav Anton] von Seckendorff: Orsina. Trauerspiel in fünf Aufzügen als Folgestück aus Lessings Emilia Galotti. Braunschweig: Vieweg, 1815. S. 3ff.

Das Stück spielt zwei Jahre nach dem Tod von Emilia, in Guastalla. Die Eltern Galotti sind vor Gram verstorben. Orsina ist mit dem Kanzler Grimaldi verheiratet, liebt noch immer den Prinzen, der, wie in *Emilia Galotti* in Aussicht genommen, die Prinzessin von Massa geheiratet hat. Orsina nimmt Rache. Doch der Mord durch gedungene Mörder schlägt fehl. Schließlich bringt sie sich selbst um, damit sie nicht auf das Schafott kommt (vgl. ebd., S. 190). Das geschieht hinter der Bühne. Das Stück endet mit einem kurzen Dialog zwischen Grimaldi und seiner Tochter, mit unüberhörbarer Didaxe:

GRIMALDI *(den Dolch in der Hand mit tiefer Verachtung).* Selbst diesen hat sie sich widerrechtlich verschafft! – Es ist der nehmliche, mit dem Odoardo sein unglückliches Kind ermordete und ist Orsinas Dolch! – *(Den Dolch betrachtend.)* In furchtbar verschlungener Kette reihen sich Freveltaten aneinander. O, daß Liebe, auch Liebe zu solchen Thaten führen kann!

JULIETA *(sich erholend auf Appiani gestützt).* Nein, Vater, nicht die Liebe, nicht die echte Liebe erzeugt solche Thaten, sondern der Stolz, die Selbstsucht.

Ebd. S. 191f.

3. Die Kritik seit 1773: Interpretationsansätze von Literaten und Literaturwissenschaftlern

In den 1774 publizierten »Vier Briefen über Emilia Galotti« von Johann Jakob Engel (1741–1802, Schriftsteller, Theaterdirektor, Essayist) heißt es:

»Vergleiche ich diese Geschichte [des Livius] mit dem Plan der Emilia, so fällt mir nichts so sehr in die Augen, als daß dort der Bewegungsgrund zu der schrecklichen That des Vaters zwiefach, hier nur einfach ist. Dort will nicht nur der ehrliebende Mann von strengen Grundsätzen und rauher Tugend sein Kind vor der Entehrung sichern; der freye Römer, dem Sclaverey verhaßter als der Tod ist, will es auch dem Elend der Knechtschaft entreissen. In den Worten, die ihm Livius eben da er die schreckliche That vollbringt, in den Mund legt, wird dieses letzten Bewegungsgrundes allein erwähnt […]. Für Emilia Galotti darf ihr Vater nicht beydes, Sclaverey und Entehrung; er darf nur Eins, nur das

Letztere fürchten: und so hat jene Geschichte der Virginie vor dieser der Emilie schon einen nicht verächtlichen Vortheil; denn je mehr zu einer so schrecklichen That der Bewegungsgründe sind, und je dringender jeder an sich, desto besser. […]

Über Virginien ist der letzte richterliche Ausspruch von eben dem Manne ergangen, der die höchste obrigkeitliche Gewalt in Rom hat; es ist nicht blos mehr zu fürchten, nicht blos mehr wahrscheinlich, daß sie werde zur Sclavin erklärt werden: sie ist es schon wirklich. Ihre Freyheit ist ohne Rettung dahin; und in Absicht auf ihre Ehre läßt sich nicht die geringste Schonung gegen eine Sclavin, nicht die geringste Mäßigung von einem Manne erwarten, der sich im Angesichte des ganzen Roms mit so großer Unverschämtheit betragen hatte. Es ist der letzte entscheidende Augenblick: nur noch zwey gewaltsame Mittel, dem Spiel ein Ende zu machen, sind übrig. Der Vater muß den Dolch entweder gegen Claudius und den Decemvir, oder gegen das Herz seines eigenen Kindes zücken. – Welches von beyden Mitteln würde er wählen, wenn die Wahl ihm frey stünde? Und welches ist er gezwungen zu wählen?

Das Erstere deucht mir, beantwortet sich gleich von selbst; denn gewiß ist es natürlicher, daß der Hirt den Wolf, als daß er das Lamm erschlage. […]

Sie erkennen also, mein Freund, daß von den beyden gewaltthätigen Mitteln, die hier noch übrig waren, das erste, das an sich natürlichste unmöglich gemacht wird: und eben dadurch wird nun das zweyte, das an sich unnatürlichste, natürlich. Das Leben seines Kindes ist dem Vater mehr, als sein eigenes werth; er würde, wenn er nicht zu ihrer Rache lebte, das Messer aus ihrer Brust nur herausreißen, um es in seine eigene zu stürzen: nur ein Einziges ist ihm mehr werth, als alles: ihre Freyheit und ihre Ehre; es ist besser, deucht ihm, daß er sein Kind durch den Tod, als daß ers durch die Schande verliere. […]

Halten Sie nun die Situation, worin der Vater der Emilie ist, gegen diese so gewaltsame, zwingende, worin Virginius war. Zugegeben fürs erste, die Schande Emiliens sey vollkommen so entschieden, als Virginiens Schicksal, und es bliebe, dem Vater zu ihrer Rettung nichts, als die Wahl zwischen jenen gewaltsamen Mitteln übrig: warum muß er denn gerade das unnatürlichste wählen? warum den Dolch nicht ins Herz des Räubers und seines nichtswürdigen Gehülfen, sondern ins Herz seines eigenen Kindes stoßen? – Freylich ist der Mann, den er dann umbringen würde, der Prinz; aber die er jetzt umbringt, ist seine Tochter: und wenn sich alle Umstände vereinigen, jene Betrachtung zu schwächen, so kommen dagegen alle zusammen, dieser den größten Nachdruck zu geben. Moralisch unmöglich, scheint es, mußte die Ermordung seines Kindes dem Vater doch eher seyn, als die Ermordung des Prinzen: und äußerlich möglich ist, nach allen Umständen, das eine so gut, wie das andre. – […]

Aber ist denn in der That das Schicksal Emiliens so entschieden, daß weder dem Vater noch ihr selbst irgend ein anderer Weg zur Rettung übrig blieb? Läßt nicht Odoardo zu schnell alle Hoffnung fahren, gleichsam um dem Dichter zu Ende zu helfen? Kann er nicht Bedenklichkeiten gegen den Aufenthalt Emiliens im Hause der Grimaldi äußern? Kann er nicht darauf dringen, daß sie der Aufsicht des Camillo Rota, oder irgendeines andern rechtschaffnen Mannes, deren es in Guastalla noch geben wird, anvertraut werde? Bleibt er selbst nicht frey, um Erkundigungen einzuziehen, und ist keine Möglichkeit mehr, daß noch in der Zukunft für Emilien etwas geschehen könne? Läßt sich nichts von dem Charakter eines Prinzen hoffen, der doch noch Gefühl von Ehre hat, und Wendungen und Bemäntelungen sucht? Läßt sich, was noch mehr ist, von Emiliens Charakter nichts hoffen? Müssen nicht alle die Reden, die sie führt, selbst ihre äusserste Furcht vor ihrem Falle, den Vater weniger besorgt, als sicher machen? Muß nicht in seiner Seele, sobald er den fürchterlichen Gedanken faßt, den er ganz durchzudenken so viel Zeit hat, jeder noch so schwache Anlaß zur Hoffnung wichtig, jedes noch so unwahrscheinliche Mittel zu anderweitiger Rettung wahrscheinlich werden? Muß ihm nicht der Dolch, den er im ersten Augenblicke der Wuth gezückt hatte, im zweyten Augenblicke der Überlegung wieder entsinken?«

Johann Jakob Engel: Der Philosoph für die Welt. Tl. 2. verm. und verb. Ausg. Reutlingen: Mäcken, 1791. 4. Brief. S. 111–119.

1773 erschien anonym in Leipzig ein Bändchen des Erfurter Professors für Beredsamkeit Christian Heinrich Schmid (1746–1800): *Über einige Schönheiten der Emilia Galotti.* Dort heißt es:

»Tragödien schreiben, hieß sonst eine außerordentliche, unerhörte, seltne Begebenheit, eine heroische Mordgeschichte in pathetische Reden einkleiden. […] Jetzt denken die Zuschauer philosophischer und hoffentlich werden Dramaturgie und Galotti auch unsre jungen Dichter philosophischer denken lehren, wenn uns anders Apollo noch tragischen Zuwachs schenken will. Die Geschichte der Virginia ward bey mehrern Nationen nur deswegen bearbeitet, weil ein Vater seine Tochter ermordet. Desto lehrreicher ist es, daß uns Herr Leßing an einer so bekannten Geschichte zeigt, daß das grausende des Themas allein noch kein Trauerspiel mache. Schaudern würden wir, aber gewiß nicht sympathisieren, wenn wir nicht empfänden, daß wir an des Vaters Stelle selbst den Dolch zucken würden. Hier dürfen wir uns nur ganz in seinen ungestümen Charakter versetzen, um seine schreckliche That wahrscheinlich zu finden. Virginius war zwar auch ein Krieger, gleich dem Odoardo; aber er erscheint in allen Virginien nur am Ende, und ohne eigenthümlichen Charakter. […] was sollen nicht die Damen du bon veiux tems gethan haben, ihre Ehre zu schützen! Heutzutage liest man die Lukretiageschichten lieber in einer Romanze als in einem Heldenromane […]. Nicht blos Damen, sondern auch Kunstrichter haben zwar über die Galotti gerufen ›So wie du ersticht sich keine wieder!‹ aber ihr Entschluß ist mitnichten bloßer Heroismus. Die Liebe zur Tugend ist bey ihr nicht blos Rede, sondern wahrer Affekt. Dazu kommt ihre natürliche, nicht blos weibliche, sondern ausschweiffende Furcht, die ihr auf den ersten Anblick alles schwärzer malt. Daraus fließt ihr Mißtrauen gegen sich selbst, das zwar in Rücksicht auf ihre Frömmigkeit übertrieben scheint, aber in Ansehung ihrer Schüchternheit sehr begreiflich ist.«

[Chr. H. Schmid:] Über einige Schönheiten der Emilia Galotti: an Friedrich Wilhelm Gotter. Leipzig: Müller, 1773. S. 3ff.

1777 erscheint eine Abhandlung in der *Allgemeinen deutschen Bibliothek* von FRIEDRICH NICOLAI, die eine der wichtigsten literarischen Zeitschriften der Zeit war:

»Shakespeares Stücke stellen uns gleichsam ein eigenes für sich bestehendes Universum, eine ganze Welt mit allem Zubehör dar; in Em. Gal. haben wir auch diese eigne Welt, nichts fehlt uns, um die Motive einer handelnden Person, um das Besondere irgendeines Charakters zu erklären; nichts fehlt uns um nicht den Ort, wo wir wären, den Hof des Prinzen, ganz bis auf Räthe und Maitressen und Mahler zu kennen: – aber diese eigne Welt ist freylich nur im *verjüngten Maaßstabe*, nur durch einzelne kleine Züge angegeben. Wenig erscheint nur Graf Appiani, wenig selbst nur Emilia; allein wer wollte darum sagen, wir lernen diese Personen nur wenig kennen? Weitläufig ausgemahlt sind sie nicht; aber die wenigen Züge sind dafür so scharf gezeichnet, so individualisirend, daß ich dem Mann Wehe zurufe der diese Liebenden nun nicht von allen andern unterscheiden kann […]. Eben diese Kürze, dies Zusammendrängen des großen Gemähldes läßt uns die sonst zu schnell scheinenden Übergänge erklären. Wir hören von Emiliens Keuschheit nur den einen Zug: daß sie zu Gott betet, ehe sie unkeusche Liebe anhören soll, sie lieber mit Taubheit zu schlagen und wann auch, wann auch auf immer. Aber wie viel sagt uns nicht dieser eine Zug? Wie sehr muß sie nicht über Keuschheit nachgedacht, in jedem Begegniß ihres Lebens nachgedacht, und sich daraus Warnungen gezogen haben? Ihre schwärmerische Frömmigkeit giebt ihr, gegen das Ende des Stücks, den Gedanken ein, sich zu ermorden, um ihre Unschuld zu retten; denn eben darum sprangen Tausende in die Fluthen und wurden Heilige. Die Unschuld, sagt ihr Vater, ist über alle Gewalt erhaben. – Aber nicht über alle Verführung! und nun klagt das fromme Mädchen ihr zu leicht wallendes Blut, ihre zu bald empörten Sinne an, wie vor ihrem Beichtiger, spricht von den strengsten Übungen der Religion u.s.w. Wie natürlich alles! wie im Charakter! wer will hier nach der Uhr sehen, oder die Seiten zurückzählen, um zu rechnen, ob Appiani auch schon lange genug todt ist, daß Emilia von jugendlichem warmen Blute reden kann?«

Braun, Bd. 2, S. 90f.

In den verschiedenen Stellungnahmen von JOHANN WOLFGANG GOETHE (1749–1832) lassen sich deutliche Schwankungen ausmachen. So bemerkt er in einem Brief an Johann Gottfried Herder (1744–1803; etwa 10. Juli 1772):

»Von ›Berlichingen‹ ein Wort. Euer Brief war Trostschreiben, ich setze ihn weiter schon herunter als Ihr. […] Es ist alles nur gedacht. Das ärgert mich genug. Emilia Galotti ist auch nur gedacht, und nicht einmal Zufall und Caprice spinnen irgend drein. Mit halbweg Menschenverstand kann man das Warum von jeder Scene, von jedem Wort, mögt' ich sagen, auffinden. Darum bin ich dem Stück nicht gut, so ein Meisterstück es sonst ist, und meinem eben so wenig.«

Johann Wolfgang Goethe: Gedenkausgabe der Werke, Briefe und Gespräche. Bd. 18. Zürich: Artemis, 1949. S. 175.

Etwa 1809 äußert sich GOETHE dann gegenüber Johann Daniel Falk (1768–1826):

»Von Lessing Verdienst, Talent und Scharfsinn, und wie derselbe allem höhern dramatischen Bestreben in Deutschland, Friedrich dem Großen, Voltaire, Gottsched und allen Verehrern des französischen Theaters gegenüber, in seiner Hamburgischen Dramaturgie die Bahn brach und zugleich durch die Einführung des Shakespeare eine neue Periode begründete, die mit dem künftigen Aufschwunge unserer Literatur aufs innigste zusammenhing, sprach Goethe mit der größten Anerkennung. […] In der Emilia Galotti sei […] das Motiv meisterhaft und zugleich höchst charakteristisch, daß der Kammerherr dem Prinzen Emilia Galotti sicher auf seinem Wege zugeführt haben würde; daß aber der Prinz dadurch, daß er in die Kirche geht und in den Handel hineinpfuscht, dem Marinelli und sich selbst das Spiel verdirbt. Nicht minder schön sei die Art, wie Lessing das Schicksal in der Emilia Galotti einführt. Ein Billet, das der Prinz an seine ehemalige Geliebte, die Gräfin Orsina, schrieb, und worin er sich ihren Besuch auf morgen verbittet, wird eben dadurch, daß es zufällig liegen blieb – wenn Zufall, wie die Gräfin selbst sogleich hinzusetzt, in solchen Dingen nicht Gotteslästerung genannt werden müßte – die gelegentliche Ursache, daß die gefürchtete Nebenbuhlerin, wenn man ihr nicht abgesagt, gerade in demselben Augenblicke ankommt, wo Graf Appiani erschossen, die Braut in das Lustschloß des Fürsten durch Marinelli eingeführt und so dem Mörder ihres Bräutigams in die Hände geliefert wird. Dies sind Züge einer Meisterhand, welche hinlänglich beurkunden, wie tiefe Blicke Lessing in das Wesen der dramatischen Kunst vergönnt waren. Auch seid versichert, wir wissen recht wohl, was wir ihm und seinesgleichen, insbesondere Winckelmann, schuldig sind.«

Ebd. Bd. 22. S. 617f.

Johann Peter Eckermann (1792–1854) hat mit Datum vom 7. Februar 1827 ein Gespräch mit Goethe überliefert:

»Goethe schalt heute auf gewisse Kritiker, die nicht mit Lessing zufrieden, und an ihn ungehörige Forderungen machen.

›Wenn man, sagte er, die Stücke von Lessing mit denen der Alten vergleicht und sie schlecht und miserabel findet, was soll man da sagen! – Bedauert doch den außerordentlichen Menschen, daß er in einer so erbärmlichen Zeit leben mußte, die ihm keine besseren Stoffe gab als in seinen Stücken verarbeitet sind! – Bedauert ihn doch, daß er in seiner Minna von Barnhelm an den Händeln der Sachsen und Preußen teilnehmen mußte, weil er nichts Besseres fand! – Auch daß er immerfort polemisch wirkte und wirken mußte, lag in der Schlechtigkeit seiner Zeit. In der Emilie Galotti hatte er seine Piquen auf die Fürsten, im Nathan auf die Pfaffen.‹«

Johann Peter Eckermann: Gespräche mit Goethe in den letzten Jahren seines Lebens. Hrsg. von Otto Schönberger. Stuttgart: Reclam, 1994 [u. ö.]. S. 248.

Am 27. März 1830 schreibt Goethe an Karl Friedrich Zelter (1758–1832):

»Dein reines eignes Verhältnis zu Emilia Galotti soll Dir nicht verkümmert werden. Zu seiner Zeit stieg dieses Stück, wie die Insel Delos, aus der Gottsched-Gellert-Weissischen pp. Wasserflut, um eine kreißende Göttin barmherzig aufzunehmen […].

Auf dem jetzigen Grade der Kultur kann es nicht mehr wirksam sein. Untersuchen wir's genau, so haben wir davor den Respekt wie vor einer Mumie, die uns von alter hoher Würde des Aufbewahrten ein Zeugnis gibt.«

Johann Wolfgang Goethe: Gedenkausgabe der Werke, Briefe und Gespräche. Bd. 21. Zürich: Artemis, 1949. S. 896.

Ergänzend müssen die Bezüge auf *Emilia Galotti* in GOETHES Romanen *Die Leiden des jungen Werthers* (1774) und *Wilhelm Meisters Lehrjahre* herangezogen werden. Im erstgenannten heißt es am Schluss:

»[…] man erwartete sein Ende. Von dem Weine hatte er nur ein Glas getrunken. Emilia Galotti lag auf dem Pulte aufgeschlagen.«

Johann Wolfgang Goethe: Die Leiden des jungen Werthers. Studienausg. Paralleldruck der Fassungen von 1774 und 1787. Hrsg. von Matthias Luserke. Stuttgart: Reclam, 1999. S. 274/275.

Goethe hat hier, nur leicht verkürzt, den Bericht von Johann Christian Kestner (1741–1800) zum Selbstmord von Karl Wilhelm Jerusalem (1747–1772) aufgenommen. Dessen Vater, Johann Friedrich Wilhelm Jerusalem (1709–1789) war mit Lessing gut bekannt. Der Schluss des Goetheschen Briefromans fand nicht den Beifall Lessings, wie aus seinem Brief an Johann Joachim Eschenburg vom 26. Oktober 1774 deutlich wird:

»Wenn aber ein so warmes Produkt nicht mehr Unheil als Gutes stiften soll: meinen Sie nicht, daß es noch eine kleine kalte Schlußrede haben müßte? […] Also, lieber Göthe, noch ein Kapitelchen zum Schlusse; und je cynischer je besser!«

Schriften 18,115f.

Auch in seinem Roman *Wilhelm Meisters Lehrjahre* (1796) nahm Goethe Bezug auf das Stück; dort hat die Aufführung der *Emilia Galotti* u. a. die Funktion, Wilhelm ein weiteres Mal die Möglichkeit zu geben, die Rolle eines Prinzen spielen zu lassen. Darüber hinaus dient sie der Charakterisierung von Aurelie, die die Orsina spielt. Aurelia, das macht der Verlauf des Romans deutlich, trennt auf verhängnisvolle Weise nicht zwischen der Rolle und sich selbst. Aus dieser Perspektive wird dieser Zusammenhang ein literarischer Kommentar zu der viel diskutierten Frage, wie ein Schauspieler seine Rolle zu spielen habe – aus dem Gefühl oder aus dem Verstand heraus.
Im Falle von Shakespeares Ophelia in *Hamlet* bewahrt Aurelia den Dolch, das Bühnenrequisit, als »Talisman« bei ihren Sachen auf. Schon dies ist ein Hinweis auf ihre mangelnde Unterscheidung zwischen Bühnenrolle und der Rolle in der sozialen Welt. Das hatte zum Streit mit dem Bruder geführt, ein Streit, den Wilhelm schlichten sollte. »›Sie sollen‹, sprach Serlo, ›Schiedsrichter zwischen uns beiden sein. Was hat sie mit dem scharfen Stahle zu tun? Lassen Sie sich ihn zeigen. Dieser Dolch ziemt keiner Schauspielerin; spitz und scharf wie Nadel und Messer! Zu was die Posse? Heftig wie sie ist, tut sie sich noch einmal von ungefähr ein Leides […].‹ – ›Ich hab ihn wieder!‹ rief Aurelie, indem sie die blanke Klinge in die Höhe hielt; ›ich will meinen treuen Freund nun besser verwahren. Verzeih mir‹, rief sie aus, indem sie den Stahl küßte, ›daß ich dich so vernachlässigt habe!‹« (Johann Wolfgang Goethe, *Wilhelm Meisters Lehrjahre*, hrsg. von Ehrhard Bahr, Stuttgart 1982 [u. ö.], S. 265 f.) Später »nahm man ›Emilia Galotti‹ vor« (ebd., S. 367):

»Aurelia hatte die Rolle der Orsina auf eine Weise gespielt, wie man sie wohl niemals wieder sehen wird. Sie war mit der Rolle überhaupt sehr bekannt und hatte sie in den Proben gleichgültig behandelt; bei der Aufführung selbst aber zog sie, möchte man sagen, alle Schleusen ihres individuellen Kummers auf, und es ward dadurch eine Darstellung, wie sie sich kein Dichter in dem ersten Feuer der Empfindung hätte denken können. Ein unmäßiger Beifall des Publikums belohnte ihre schmerzlichen Bemühungen, aber sie lag auch halb ohnmächtig in einem Sessel, als man sie nach der Aufführung aufsuchte.«

Ebd. S. 369.

Am Tag nach der Aufführung stirbt Aurelia.

1801 notiert Johann Gottfried Herder in seiner Zeitschrift *Adrastea*:

»Leßing schrieb eine Emilia Galotti, gleichfalls eine Fabel des Schicksals, durch Umstände und Charaktere bewirkt und wirkend. Ein *solcher* Prinz durfte nur eine *solche Emilie* gesehen haben, und eines Contrasts ihrer, seiner jetzigen Geliebten satt seyn [...]. Es geräth und mißräth Alles bis zum tragischen Ausgange. Ob dieser nicht anders hätte seyn können? bleibt dem Dichter anheimgestellt; gnug, daß dieser ihn diesmal nicht anders haben *wollte*. Das Stück entwickelt eine Prinzenfabel mittelst treffender Charaktere, unter der Leitung eines Marinelli, über ihm aber eines höheren Schicksals, das sich dem Schranzen so wenig als dem Prinzen bequemet. Der Vorhang fällt, und wir schaudern. Discite justitiam moniti et non temnerer honestum.[7] Zwischen Handelnden und Schauenden stehet die Regel aufrecht.«

Herders Sämmtliche Werke. Hrsg. von Bernhard Suphan. Bd. 23. Berlin: Weidmann, 1881. S. 375 f.

7 [Anm. von Herder:] Lernet Gerechtigkeit! und verachtet nicht, was *honett* ist.

FRIEDRICH SCHLEGEL (1772–1829) bemerkt in seinem Aufsatz »Über Lessing« (1798; verändert 1801):

»Lessing war endlich einer von den *revolutionären* Geistern, die überall, wohin sie sich auch im Gebiet der Meinungen wenden, gleich einem scharfen Scheidungsmittel, die heftigsten Gärungen und gewaltigsten Erschutterungen allgemein verbreiten. In der Theologie, auf der Bühne und in der Kritik hat er nicht bloß Epoche gemacht, sondern eine allgemeine und dauernde Revolution allein hervorgebracht oder doch vorzüglich veranlaßt. [...]
Emilia Galotti ist daher das eigentliche Hauptwerk, wenn es darauf ankömmt, zu bestimmen, was Lessing in der *poetischen Kunst* gewesen, wie weit er darin gekommen sei. Und was ist denn nun diese bewunderte und gewiß bewunderungswürdige Emilia Galotti? Unstreitig ein großes Exempel der dramatischen Algebra. Man muß es bewundern, dieses in Schweiß und Pein produzierte Meisterstück des reinen Verstandes; man muß es frierend bewundern und bewundernd frieren; denn ins Gemüt dringts nicht und kanns nicht dringen, weil es nicht aus dem Gemüt gekommen ist. Es ist in der Tat unendlich viel Verstand drin, nämlich *prosaischer*, ja sogar Geist und Witz. [...] Ich möchte es eine *prosaische Tragödie* nennen. Sonderbar aber nicht eben interessant ists, wie die Charaktere zwischen Allgemeinheit und Individualität in der Mitte schweben.«

Friedrich Schlegel: Über Lessing. In: Kritische Friedrich Schlegel Ausgabe. Hrsg. von Ernst Behler [u. a.]. 1. Abt. Bd. 2: Charakteristiken und Kritiken 1 (1796–1801). Hrsg. von Hans Eichner. Paderborn [u. a.]: Schöningh, 1967. S. 101; S. 116f.

AUGUST WILHELM SCHLEGEL (1767–1845) kritisiert das Stück in seinen *Vorlesungen über dramatische Kunst und Literatur* (1809–11):

»Noch mehr Bewunderung als *Minna von Barnhelm* erwarb *Emilia Galotti*, ich weiß nicht, ob mit vollkommenen Rechte. Das letztgenannte Werk ist vielleicht mit noch mehr Überlegung entworfen und mit noch mehr Fleiß ausgeführt als jenes; aber *Minna von Barnhelm* entspricht weit mehr dem echten Begriff des Lustspiels als *Emilia Galotti* dem des Trauerspiels. Lessings Theorie der dramatischen Kunst hatte begreiflicher Weise einen weniger nachteiligen Einfluß auf eine halbprosaische Gattung als auf eine, die unvermeidlich unter sich selbst herabsinkt, wenn sie nicht den höchsten Schwung nimmt. Er hatte die Welt zu gut kennengelernt, um wieder in den schleppenden und weinerlichen Predigerton zu verfallen, der in *Miß Sara Sampson* herrscht. Auf der anderen Seite bewahrt ihn sein gesunder Sinn bei aller Bewunderung für Diderot vor dessen deklamatorischer Emphase, die ihren vornehmsten Nachdruck von Ausrufungszeichen und Gedankenstrichen entlehnt. Aber da er alle poetischen Erhöhungen des Dialogs entschieden verwarf, so konnte er diesen Manieren nicht entgehen, ohne in eine andere zu verfallen. Er übertrug die kalte und lauschende Beobachtung des Komikers in das tragische Gebiet; die Leidenschaften sind in der *Emilia Galotti* mehr scharfsinnig und witzig charakterisiert als beredt ausgedrückt. In dem Glauben, das Schauspiel wirke am stärksten, wenn es täuschende Kopien des Bekannten und Naheliegenden darbietet, verkleidete Lessing eine alte, berühmte, unauslöschlich in die Weltgeschichte eingezeichnete Tat rauher Römertugend, die Ermordung der Virginia durch ihren Vater, unter erdichteten Namen in neueuropäische Verhältnisse und heutige Sitten. […] Es ist nicht eigentlich ein bürgerliches Trauerspiel, sondern ein Hoftrauerspiel im Konversationstone, zu welchem für einige Rollen der Staatsdegen und Hut unter dem Arme ebenso wesentlich gehört als zu vielen französischen Lustspielen. Lessing hat die unentfliehbaren tyrannischen Gewaltstreiche der Decemvirn in den ruhmlosen Bezirk des Fürstentums Massa-

Carrara verpflanzen wollen; aber wie man sich mit wenigen Schritten aus einem so kleinen Gebiet fortmacht, so entschlüpft man auch mit einiger Überlegung gar leicht den mühsam angelegten Voraussetzungen des Dichters, worauf die ganze Notwendigkeit der Katastrophe beruht. Die sichtbare Sorgfalt, alles zu motivieren, fordert zu näherer Prüfung auf, wobei man durch keinen Zauber der Einbildungskraft gestört wird; und dieser Prüfung kann der innere Unzusammenhang in dem mit so ungemeinen Verstande herausgerechneten Drama nicht entgehen.«

August Wilhelm Schlegel: Vorlesungen über dramatische Kunst und Literatur. Hrsg. von Edgar Lohner. Bd. 2. Stuttgart [u. a.]: Kohlhammer, 1967. S. 273 f.

Heinrich Heine (1797–1856) ist 1833 demgegenüber deutlich mehr von dem Stück eingenommen:

»Lessing war der literarische Arminius, der unser Theater von jener Fremdherrschaft befreite. [...] Aber nicht bloß durch seine Kritik, sondern auch durch seine eigenen Kunstwerke ward er der Stifter einer neuern deutschen Originalliteratur. Alle Richtungen des Geistes, alle Seiten des Lebens verfolgte dieser Mann mit Enthusiasmus und Uneigennützigkeit. Kunst, Theologie, Altertumswissenschaft, Dichtkunst, Theaterkritik, Geschichte, alles trieb er mit demselben Eifer und zu demselben Zwecke. In allen seinen Werken lebt dieselbe große soziale Idee, dieselbe fortschreitende Humanität, dieselbe Vernunftreligion, deren Johannes er war und deren Messias wir noch erwarten. Diese Religion predigte er immer, aber leider oft ganz allein und in der Wüste. Und dann fehlte ihm auch die Kunst, den Stein in Brot zu verwandeln; er verbrachte den größten Teil seines Lebens in Armut und Drangsal; das ist ein Fluch, der fast auf allen großen Geistern der Deutschen lastet [...]. Mehr, als man ahnte, war Lessing auch politisch bewegt, eine Eigenschaft, die wir bei seinen Zeitgenossen gar nicht finden; wir merken erst jetzt was er mit der Schilderung des Duodezdespotismus in ›Emilia Galotti‹ gemeint hat. [...] Seine ausgezeichneten Theaterstücke sind: ›Emilia Galotti‹, ›Minna von Barnhelm‹ und ›Nathan der Weise‹.«

Heinrich Heine: Die Romantische Schule. Kritische Ausgabe. Hrsg. von Helga Weidmann. Stuttgart: Reclam, 1976 [u. ö.]. S. 21 f.

Kritische Bemerkungen zu *Emilia Galotti* hat FRIEDRICH HEBBEL (1813–63) in seinem umfangreichen Tagebuch (16. und 19. Februar 1839) hinterlassen:

»Die Charaktere in *Emilia Galotti* mögen Charactere seyn. [...] Jedenfalls sind diese Charactere zu absichtlich auf ihr endliches Geschick, auf die Katastrophe, berechnet und dies ist fehlerhaft, denn dadurch erhält das ganze Stück die Gestalt einer Maschine, worin lebendige Menschen die für einander bestimmten und nothgedrungen auf den Glockenschlag in einander greifenden Räder vorstellen. Zwar sollen die Charactere den Blitzstrahl des Schicksals an sich ziehen, er könnte sie sonst nicht treffen, ohne das Band, das die Weltordnung zusammen hält, zu zerreißen; aber, dies muß spielend, und ohne, daß man es ahnt, geschehen, Mensch und Schicksal müssen sich an einem Orte begegnen, wo man es nicht erwarten konnte und wo man deßungeachtet, wenn man näher hinsieht, nicht die verhüllte Larve des Zufalls, sondern das ernste Antlitz der Nothwendigkeit erblickt: ist das Gegentheil der Fall, so ist nur noch die Execution oder die Prämienvertheilung möglich, und damit hat die Kunst Nichts zu thun. Ein Vater, der sich leichter zum Äußersten, als zu etwas Anderem entschließt; eine Tochter, die um ihren Tod bettelt, wie Tausende um's Leben betteln würden; eine Mutter, die an sich Nichts bedeutet, deren breites Daseyn aber Gelegenheit giebt, daß Andere sich entfalten; ein hitziger Graf, der weiß, daß die Affen hämisch

sind und der sie dennoch aufs Ärgste reizt; ein junger Fürst, der seinen Lüsten jedes Gefühl seiner Würde, jede Rücksicht auf Gesetz und Gewissen aufopfert und der sich, um sich vor sich selbst zu schützen, Anfangs hinter eine schlangenglatte Dialectik, zuletzt hinter eine Reue, die ärger ist, als selbst die Sünde war, verkriecht; ein Hofmann, der sein Vertrauter ist, und der Teufel dazu; eine rachsüchtige, verlassene Maitresse, die ihren Abgott abschlachten will, weil sie nicht mehr bei ihm schlafen darf; obendrein ein Paar Mörder und um die letzte kleine Schwierigkeit bei Seite zu schaffen, noch sogar ein tragischer Kutscher, der sich gezwungen mit diesen verständigen muß: das Schicksal hat es aber doch gar zu leicht!, wir wollen aber nicht sehen, was nicht ausbleiben kann!
Emilia ist mir ein Ding, wie ein Widerspruch [...]. Ist dies natürlich? Und wenn, ist sie dann nicht eine gemeine Seele? Und wird eine gemeine Seele sterben, um das zu retten, was sie nie besaß?«

Friedrich Hebbel: Sämtliche Werke. Hrsg. von Richard Maria Werner. Abt. 2. Bd. 1. Berlin: Behr, 1913. S. 330–332. (Tgb. 1496.)

»Es ist allerdings in der ersten Scene, wo Emilia auftritt, genugsam angedeutet, daß sie für den Prinzen empfindet. Sie zittert, ist in der größten Aufregung, sie hat nicht gewagt, ihn zum zweiten Mal anzusehen; alles Zeichen einer unbewußt aufkeimenden Liebe. Aber, hiedurch entstehen eben neue Bedenklichkeiten. Es frägt sich, welcher Art diese Liebe ist. Ist sie nichts anderes als das erste Erwachen der bisher in den Schlaf gelullten glühenden Sinnlichkeit, vorbereitet vielleicht durch den Gedanken an die baldige Hochzeit, zurück gehalten wieder durch das naßkalte Bild des nur für die Seele der Braut schwärmenden Bräutigams? Dann sind zwei Fälle möglich. Entweder ist der ungestüme drängende Prinz nur der Funke, der ihr Herz in Flammen setzt, und dieses wendet sich nun mit voller Glut dem Bräutigam zu, den das Mädchen mit ganz anderen Augen betrachten lernt, in dem sie den Schlüssel ihres Daseyns ahnt; oder, sie wird klar darüber, daß ihr Verhältniß zu dem Grafen nur ein gemachtes ist, daß er mehr der zufällige als der wahre Gegenstand ihrer Neigungen gewesen ward, und ist dieses, so kann sie, die uns der Dichter als des größten Entschlusses fähig vorführt, über das, was sich für die zu thun geziemt, nicht zweifelhaft und unentschieden seyn, sie kann nicht zögern und nicht zagen, ein Band zu zerreißen, das nie hätte geknüpft werden sollen. Im Herzen den Einen tragen und dem Andern zum Altar folgen, das verträgt sich nicht mit ihrer Frömmigkeit, ihrer Gemüthsreinheit. Ist aber jene Liebe etwas Höheres, ist sie, was sie seyn soll, so verklärt sie auch unmittelbar und nothwendig den Gegenstand, der sie erweckt hat; sieht die ganze Welt im Prinzen nur den Wollüstling und Verführer, Emilia muß etwas besseres in ihm sehen, denn nie kann vom Gemeinen eine edle Wirkung ausgehen. Und hiemit fällt die Katastrophe weg, so weit nämlich der Wille der Tochter Antheil daran hat; der Vater mag sie immerhin noch morden, um Demjenigen ihren Körper zu entreißen, der ihre Seele auf ewig besitzt. Emilie kann nicht mehr fürchten, verführt zu werden, und wenn sie sich auch, hin und her geworfen zwischen innerer und äußerer Pflicht, im Widerstreit mit einer einmal eingegangenen Verbindlichkeit und dem Zuge ihres ganzen Wesens, nicht gleich zu helfen weiß, so kämpft sie doch einen ganz anderen, einen viel ernsteren und heiligeren Kampf, einen solchen, der, falls er nur durch den Tod zu enden wäre, den Tod wahrhaft tragisch machen würde. Sich zu tödten, weil man fühlt, daß man, wenn man sich nicht tödtet, nicht stark genug seyn wird, die Unschuld zu bewahren, ist wohl kaum der Mühe werth.«

Ebd. S. 334f. (Tgb. 1501.)

Auch die Literaturgeschichtsschreibung nahm sich des Stückes an. Hermann Hettner (1821–1882) schreibt 1862:

»Auch hier daher wieder nur eine Intrigentragödie. Die Intrigentragödie aber ist ihrer innersten Natur nach vom Wesen echter Tragik ausgeschlossen. Die Äußerlichkeit ihrer Motivierung besagt selbst, daß sie nicht innerlich notwendige, ewige, allgemein menschliche Kämpfe und Gegensätze darstellt, sondern nur zufällige, rein persönliche, bei gutem Willen ausgleichbare. Die Intrigentragödie muß unausbleiblich veralten; losgelöst von den Zeitbedingungen, unter denen sie entstand, hat sie für den Zuschauer die zwingende Überzeugungskraft verloren, durch welche die warme Teilnahme an dem Geschick der Unterliegenden bedingt ist. Ja, es liegt die Gefahr nahe, daß, indem der tragische Untergang des Helden nur durch äußerlich angezettelte Intrige herbeigeführt wird, das Recht als dem Unrecht oder, um in der moralisierenden Sprache des achtzehnten Jahrhunderts zu sprechen, die Tugend als dem Laster erliegend erscheint. An diesen unvermeidlichen Klippen der Intrigentragödie ist Lessing in ›Emilia Galotti‹ ebenso wie in ›Miß Sara Sampson‹ gescheitert.«

Hermann Hettner: Geschichte der deutschen Literatur im achtzehnten Jahrhundert. Aufgrund der letzten vom Verfasser bearb. Aufl. hrsg. von Georg Witkowski. Leipzig: List, 1929. S. 319.

Franz Mehring (1846–1919) interpretiert *Emilia Galotti* 1893 politisch:

»Tragisch läßt sich der Ausgang der Emilia nicht begründen, und zwar deshalb nicht, weil er sich historisch allzu gut begründen läßt. Darin haben all die berühmten Kritiker von Friedrich Schlegel bis zu Friedrich Vischer entschieden Unrecht, daß sie die Emilia vom historischen Standpunkt anfechten als die künstliche Übertragung einer That rauher

Römertugend in moderne Zustände. Mit Recht hat schon Stahr[8] hervorgehoben, daß Lessing aus des römischen Historikers bekannter Erzählung von der Virginia nichts entnommen habe, als die Thatsache, daß ein Vater seine Tochter tödte, um ihre jungfräuliche Ehre vor der Vergewaltigung eines Tyrannen zu retten. Oder noch genauer: in der berühmten Erzählung des Livius erkannte der junge Lessing zuerst die empörendste und erschütterndste Begleiterscheinung der sozialen Unterdrückung, die Vergewaltigung der jungfräulichen Ehre, die im achtzehnten Jahrhundert so modern war, wie vor zweitausend Jahren, wie sie heute noch ist und wie sie immer sein wird, so lange soziale Unterdrückung besteht. Lessing bewährte seinen sozialen Scharfblick, wenn ihm jenes tragische Moment in seiner weltgeschichtlichen Allgemeinheit unendlich viel bedeutsamer erschien, als der einzelne Fall, der den zufälligen Anstoß zu einer politischen Umwälzung gegeben hatte.«

Franz Mehring: Die Lessing-Legende. Eine Rettung. Stuttgart: Dietz, 1893. S. 350f.

Auch Theodor Fontane (1819–1898) mischte sich ein mit seinem Kommentar über eine Berliner Aufführung am 2. März 1871. Es geht ihm um die Figur des Marinelli und wie diese zu spielen sei:

»Herr Kahles Marinelli ist ein kleiner, feiner, verschlagener Hofmann, der die Menschen für unglaublich dumm und für unglaublich schlecht hält. Töchtertugend ist eine Redensart, im günstigeren Falle ›eine Frage der Zeit‹. Und nun gar die Mütter! ›Wenn ich die Mütter recht kenne‹, sagt er mit unendlich feiner Ironie. Beiläufig eine der glänzendsten Stellen seines Spiels. Mitunter kommen odoardohafte Väter vor, und *wenn* sie vorkommen, sind sie immer ridikül. […]

8 Gemeint ist Adolf Wilhelm Theodor Stahr (1804–1876), von dem 1859 *Lessing. Sein Leben und sein Werk* erschienen war.

Aufgeregtsein ist fast so lächerlich wie Odoardo-sein; es verlohnt sich nicht, denn das Souveränste der Weltgeschichte ist doch schließlich die Langeweile.
Etwas aus dieser Grundstimmung heraus ist der Marinelli des Herrn Kahle konstruiert. Vieles davon deckt sich mit dem wirklichen Lessingschen Marinelli; aber es fehlt noch etwas, es fehlt das, was uns, so paradox es klingen mag, mit dieser Gestalt wieder versöhnt, es fehlt der *Teufel*. Das Enteufeln des Marinelli ist nicht ein Fortschritt, sondern ein Rückschritt; was an einem Menschen degoutant ist, kann an einem Teufel relativ angenehm und kleidsam sein. Dafür ist er Teufel. Das bloße Hineinpfuschen ins Teuflische aber, ohne es zu was Reellem zu bringen, ohne ebenbürtig eingereiht zu werden in die große Gesellschaft der Verneiner, das bloße menschlich mesquine ›Abgebrühtsein‹ anstelle des höllischen Feuers, das erlabt nicht, davor steht man nicht in poetischem Schauder, das ist *kein* Marinelli. Wenigstens kein eigentlicher.«

Theodor Fontane: Causerien über Theater. Tl. 1. In: Th. F.: Sämtliche Werke. Hrsg. von Edgar Gross [u. a.]. Bd. 22,1. München: Nymphenburger Verlag, 1964. S. 36f.

Der Literaturhistoriker GEORG GOTTFRIED GERVINUS (1805–1871) führt 1840 über die Stürmer und Dränger, Lessing, *Emilia Galotti* im Besonderen und den immer wiederkehrenden Vorwurf des allzu Rationalen in der Anlage des Stücks aus:

»Die praktische Anwendung seiner letztgewonnenen dramatischen Einsicht machte Lessing in der Emilie Galotti (1772), kurz ehe mit Goethe's Götz der große Sturm der shakespearischen Stücke hereinbrach. [...] Lessing erkannte das Jugendliche und Eigene in diesem Stücke und schonte es; er setzte ihm aber schweigend das Stück entgegen, das mehr Tragisches hat, aber nicht das Schreckende, was gegen

Lessing's Aristoteles fälschlich statt dem Furchterregenden in die Tragödie gerathen war [...]. Die Emilie Galotti konnte den Sturm- und Drangstücken keinen Einhalt thun, sie wirkte auf ruhigere Stücke dieser Zeit dennoch fort, auf Clavigo und Stella, in denen Lessing's Prosa hier und da deutlich durchlautet, auf Leisewitz und Ähnliche. Das Thema des Verwandtenmordes griff tief in die Zeit ein, obwohl anders gefaßt; die Charakterformen wirkten am wenigsten weiter, weil sie nirgends auf ähnliche Energien in den Dichtern trafen, sie waren den Leidenschaftlichen zu natürlich, und den Schwachen wie Claudius u. a. unheimlich und hart. Besonders seine Frauen wollte man nicht leiden, bei denen freilich der Mangel an romanhafter Schminke am meisten auffällt. Über die tragische Katastrophe hat man mit dem rechnenden Dichter nie aufgehört zu rechnen; einem sentimentaleren hätte man viel mehr vergeben. Wenn man nur zugibt, daß es dem Stücke an jener abgerundeten Fülle des Thatsächlichen weniger als der Gefühle und Leidenschaften fehlt, ein Mangel den das fehlende Dichtertalent mit sich brachte, und den übrigens der ächte Schauspieler erstaunlich weit ersetzen kann, wenn man erlaubt, das hinzuzudenken, was ungezwungen aus der Anlage des Stückes folgt, so kann man es psychologisch und tragisch gegen jede Einwendung sicher stellen. Schon das ist ein Meistergriff, daß Lessing in dem einmal gegebenen Stoffe das Kind zur tragischen Figur machte, da es in den alten Fabeln der Vater ist, was nach den neuen Begriffen, die dem Vater nicht so viel Macht über die Tochter geben, zu ungeheuer ausgefallen sein würde. Was aber das Stück vielleicht zum Tragischsten aller deutschen Trauerspiele macht, ist der Gebrauch des Schicksals nach den christlichen Begriffen, nach denen sich hier die Menschen mit offenbaren Thaten ihre Geschicke selbst knüpfen, bis an der verborgensten Stelle das unsichtbare Fädchen, zu plump geschlungen, reißt, und das Gewebe unter den Händen jener dämonischen Orsina sich auflöst, die auf eine vortreffliche und viel feinere Weise jene

Wahrsager der antiken Tragödie darstellt, als die Margarete in Shakespeare's Richard.«

G[eorg] G[ottfried] Gervinus: Geschichte der deutschen Dichtung. Bd. 4. Hrsg. von Karl Bartsch. Leipzig: Engelmann, ^{5}1873 (1. Aufl. Leipzig 1840). S. 451 f.

Weitgehend aus Überlieferungsfragen herausgelöst sieht Wilhelm Dilthey (1833–1911) in *Das Erlebnis und die Dichtung* (1906) den Konflikt im Stück:

»Die Charaktere des Prinzen, Marinellis, der Mutter Galotti, der Spitzbuben und Bedienten hat Lessing aus der genialen Beobachtung des Lebens um ihn her geschöpft. Seine Emilia ist eine große wahre Intuition. Sie ist das Geschöpf eines heißen südlichen Naturells, frühreifer Erfahrungen des Beichtstuhls und der Träume, die Guastalla und sein Hof in einer so gearteten Natur hervorbrachten – zugleich aber ist sie ein rechtes Kind ihres Vaters: scheu, impressionabel, im ersten Moment widerstandslos und dann doch entschlossen und stark. Appiani, Odoardo empfangen das ihnen eigene Leben aus des Dichters Inneren und aus dem, was er an Freunden wie Kleist und Gerstenberg[9] miterfahren hat. Sie sind von starkem Temperament und lebhaften Gefühlen, aber die feste dauernde Grundlage ihres Wesens ist ihre Rechtschaffenheit. Sie sind zutrauensvoll gegen Menschen ihrer Art und herb verschlossen gegen die Welt. Nach dem Plan seiner Handlung hat dann der Dichter diesen Zügen, die sein persönliches Ideal aussprachen, einen anderen hinzugefügt, der bei edlen Naturen, welche in der Machtsphäre der Selbstherrschaft leben, so leicht sich ausgebildet. Der Despotismus übt einen lähmenden Einfluß auf sie. Sie trauen weder sich noch dem Weltlauf. In dieser

9 Ewald Christian von Kleist (1715–1759) und Heinrich Wilhelm von Gerstenberg (1737–1823).

engen und schlimmen Welt, in der sie existieren sollen, sind sie zur Passivität verurteilt. Sie haben das Handeln verlernt. So zögern sie ungeschickt und handeln vorschnell. Sie sind das, was dies Milieu aus vornehmen Seelen machen mußte. [...]
Das letzte abschließende Glied in der Verkettung, die zur Katastrophe hinführen sollte, war die Motivierung der Tat des Vaters. Soll man nun sagen, worin die Notwendigkeit derselben gegründet ist, so liegt sie in keinem äußeren Zwang der Lage, sondern in den Charakteren des Odoardo und der Emilia, und eben in dieser inneren Motivation konzentriert sich die tragische Kraft des Stückes. Hier tritt das Lebensideal Lessings in einer neuen Wendung hervor. Der Wert unseres Daseins liegt in erster Instanz darin, daß wir im Gefühl der Interdependenz der Person, ihrer von jedem äußeren Schicksal unabhängigen Würde leben. Ein Zusatz zu dieser Charakterform in Odoardo und Emilia macht sie tragisch. In Odoardo ist eine exzentrische Stärke des moralischen Gefühls, wie es Lessing und die ganze Aufklärung erfüllt, verbunden mit einer ganz ungewöhnlichen Hilflosigkeit. Hieraus entspringt seine Fremdheit zu Frau und Tochter und ein ratloses Mißtrauen gegen alles um sich her, gegen jede Chance, die die Zukunft bieten möchte. Durch die Orsina aufs Äußerste gebracht, ist er in einem Fieber, das Wahnbilder erzeugt. In diesem Kopf nimmt die Wirklichkeit nun eine verzerrte Gestalt an. Vielleicht wäre er, auch wenn Emilia nicht spräche, zu einer Gewalttat geschritten. In dieser Verfassung findet ihn die Tochter. Sie hat vor kurzem den Prinzen gesehen und der Zauber dieser Natur hat sich ihrer Einbildungskraft bemächtigt. Aber wie vermöchte sie nun das, was sie sich selbst nicht sagen kann und das sie in den Tod treibt, dem Vater gegenüber auszusprechen! Diese leidenschaftliche und doch schamhafte Seele öffnet sich jetzt ihm so wenig ganz als früher der Mutter.
Doch, auch wenn man Emiliens Worte an den Vater in der

Schlußszene so auffaßt, bleibt genug Unbefriedigendes zurück. [...] In einem Moment, der noch vom Blut trieft, gegenüber einem Manne, der eben die Ermordung ihres Bräutigams, wie sie weiß, verschuldete und sie jetzt gewaltsam, ihren Eltern offen Hohn sprechend, zurückhält, also da nach allen psychologischen Gesetzen das Freiheitsgefühl eines reinen Willens die größte Stärke, ja eine der ganzen Welt trotzende Stärke haben muß: wie sollte Emilia sich da vor der Wärme des Blutes, der Verführbarkeit ihrer Sinne fürchten? Nein, der Dichter fürchtet. Er, welcher hinter ihr steht mit seiner Einsicht in die Natur menschlicher Motivation, er flüstert ihr zu, daß kein abstrakter Wille imstande sein werde, diese jetzt jeden Nerv durchdringende heroische Seelenstimmung, wann sie erst einmal vor anderen Eindrücken gewichen sei, so mit dieser ganzen zweifellosen, unerschütterlichen Stärke wieder aufzurufen. Und so entsteht das unsere moralische Empfindung Verletzende dadurch, daß hinter der Maske des reinen und darum seiner Zukunft unbewußten, heroisch bewegten Mädchens der Dichter hervorblickt, welcher auf Grund solcher Einsicht in den Verlauf der Motivation, dem auch unsere am meisten heroischen Entschlüsse nicht entnommen sind, in ihre Zukunft hinausschaut: seine ernste Weisheit – vielleicht hat menschliche Weisheit keine ernstere, ja schmerzlichere Einsicht zu gewinnen als diese – rät ihr, lieber zum Dolch zu greifen als in den Händen des Prinzen zu bleiben, welches auch die festen Entschlüsse dieses Augenblicks sind.«

Wilhelm Dilthey: Das Erlebnis und die Dichtung. Leipzig [u. a.]: Teubner, ^{11}1939. S. 80–84.

Im Zeichen von Lessings »Wahrheitsliebe« führt Heinrich Mann (1871–1950) anlässlich seiner Rede »Lessing« zum 150. Todestag aus:

»Die bürgerliche Umwälzung hatte innerlich begonnen, sobald bürgerliche Trauerspiele eine Menge Zuschauer fanden. Infolge dessen konnte sie auch im bürgerlichen Leben eintreten, wenn auch noch nicht für Deutschland. Wir müssen festhalten, daß die politische Revolution in Deutschland 1789 noch nicht ausbrach. Die Denkenden gingen Wege, die von denen der französischen Geister nicht sehr entfernt waren, nur konnte hier nicht danach gehandelt werden. Die Hofdichtung konnte auch hier abgeschafft werden, der feudale Heroismus zog nicht länger, und die erkünstelten Gefühle der Vornehmen ergaben kein erfolgreiches Schauspiel mehr. Das Theater rührte fortan sein Publikum mit bürgerlichen Schicksalen, es mochte die Zeitgenossen sogar aufreizen, wie durch das Stück Lessings. In Wirklichkeit aber blieb alles beim Alten, und diese Tatsache der Wirklichkeit bestimmte mit vollem Recht auch die Schlußwendung des Stückes und seine Moral.

Denn in der Emilia Galotti wird die Schuld nicht bestraft, und die Unschuld stirbt ungesühnt. Das ist dem Trauerspiel immer vorgeworfen worden, – aber verlief denn die Wirklichkeit anders? Wurde vielleicht in der Wirklichkeit der unanständige Fürst von seinen Untertanen zum Teufel geschickt? Das Höchste war schon, wenn er sich auf einen schuftigen Untergebenen ausredete und den Kammerherrn Marinelli eine Zeitlang vom Hof verbannte. Mehr war nicht zu machen – im wirklichen Leben nicht, und daher auch nicht im Werk eines wahrheitsliebenden Mannes. Lessing ging in seiner Wahrheitsliebe noch weiter; er zog mit in Betracht, daß die Werbungen des Fürsten das Mädchen auf die Dauer nicht kalt lassen konnten. Sie liebte ihn nicht, aber natürlich meldete sich ihr Blut. Die Sache spielte im warmen Italien, in Deutschland hätte sie, nicht nur wegen der Kälte, nicht spielen dürfen. Die arme Emilia war doppelt bedroht, von fremder Gewalt und von ihren eigenen Sinnen. Das machte den Verlauf noch trauriger für die bürgerliche Ehre. Ihr Tod von der Hand ihres Vaters war eine Tat der Verzweiflung, mit tragischer Schuld und tragischer Sühne hatte er wenig zu tun. Dafür war er wahr. So sahen die bürgerlichen Trauerspiele im Leben aus.«

Heinrich Mann: Das öffentliche Leben. Berlin [u. a.]: Zsolnay, 1932. S. 18f. –

Emil Staiger (1908–1987) legte eine Studie über *Rasende Weiber in der deutschen Tragödie des achtzehnten Jahrhunderts* vor. Dort widmet er sich auch der Orsina:

»Die Gräfin-Orsina-Szene jedoch […] ist nicht rührend; wenn schon von ›Mitleid‹ die Rede sein darf, dann höchstens im Sinne des sympathetischen ›zweiten Affekts‹ […]. Sie duldet, während sie sich abspielt, keine vernünftige Würdigung; sie schlägt den selbstgefälligen Scharfsinn nieder und ist vorbei, bevor er sich wieder aufzurichten vermag. Wir haben auch keine Zeit, den Charakter zu analysieren; er fasziniert uns, stößt uns menschlich ab und zieht uns künstlerisch an, bevor wir wissen, worauf der Doppeleffekt beruht. Erst nachträglich sind wir imstande, uns darüber Gedanken zu machen und wahrzunehmen, welch ein einzigartiger Kunstverstand hier am Werk ist. Im Augenblick meinen wir, mit einer zwar völlig unbegreiflichen, aber vielleicht gerade deshalb unfehlbaren Methode verständigt zu werden. Und wir sind hingerissen! Der Dichter hat uns in einen Rausch von Neugier, Schrecken und grausamer Lust versetzt, für den wir gern auf die der Gesellschaft so nützlichen Aufmunterungen der zarteren Triebe und des Verstandes verzichten. Die Selbstherrlichkeit der Leidenschaft, auf die sich Lessing schon früh, wenngleich mit Vorbehalten, berufen hat, behauptet ihr ungeheures Recht; und ebenso die Selbstherrlichkeit der erstaunlichen Individualität. Die Individualität und die Leidenschaft durchbrechen die Gesamtstruktur des Dramas: Symbol der Emanzipation von der Autorität der Vernunft, Signal für eine Jugend, die gleichsam schon lange an Mangelkrankheiten leidet und nun auf einmal erkennt oder drastisch bestätigt findet, daß sie Passionen und unverwechselbar eigentümliches Menschenwesen entbehrt.«

Emil Staiger: Stilwandel. Studien zur Vorgeschichte der Goethezeit. Zürich [u. a.]: Atlantis-Verlag, 1963. S. 61 f. – Mit Genehmigung von Hans-Rudolf Staiger, Zürich.

Die Literaturwissenschaftlerin Ruth K. Angress (d. i. Ruth Klüger; geb. 1931) unterstreicht hinsichtlich der Schlussszene:

»In the last scene, three murderers assess one another over a dead body. The scene is permeated by a sense of failure, as Odoardo gives himself up to be judged by Hettore and as Hettore in ›despair and horror‹ (›Entsetzen und Verzweiflung‹) dismisses Marinelli. [...].
The ending is unusual in its bareness and its flat, unsatisfactory tone. Lessing clearly wanted it that way, for he has Odoardo consider the alternative of suicide and reject it on the ground that he will not ›meine Tat wie eine schale Tragödie beschliessen‹. The metaphor ›tragedy,‹ used at this point in the play, reflects of course on the drama itself and its almost modern open-endedness. To the end Odoardo considers himself an agent of God, on whom he calls to judge the unjust judge in the afterlife. And the prince, too, calls on God when, in the last line, he accuses Marinelli of being a devil. Yet the situation remains stark and comfortless, and the play ends literally with a question mark. There is therefore a suggestion that the last appeals to the deity involve God in what has transpired and that behind the failure of men is God's own failure to guide their affairs.«

Ruth K. Angress [d. i.: Ruth Klüger]: The Generations in *Emilia Galotti*. In: The Germanic Review 43 (1968) S. 22f. – Mit Genehmigung von Ruth Klüger, Göttingen.

Hilde Spiel (1911–1990) bespricht am 4. Mai 1970 eine Inszenierung der *Emilia Galotti* von Fritz Kortner am Theater an der Josefstadt:

»Wenn Fritz Kortner in hohen Jahren zum ersten Mal die *Emilia Galotti* inszeniert, muß man sich zunächst nach den Gründen fragen. Was bewog ihn dazu, dieses Stück mit dem überholten Konflikt, dem unspielbaren letzten Akt, für unsere Bühne bühnenfähig machen zu wollen? Kann man den Grad, in dem dies gelang, anders bemessen als an den Hürden und Hindernissen, die es zu überwinden galt?
Lessings Vorwurf stammt aus dem Altertum. Virginia, nach römischer Sage jungfräuliche Tochter des Plebejers Virginius, wurde von ihrem Vater erstochen, als der Dezemvir Appius Claudius ihr nachstellte. Dieser Grundgedanke war 1772, als das ursprünglich ›Virginia‹ genannte bürgerliche Trauerspiel *Emilia Galotti* uraufgeführt wurde, so akzeptabel wie im fünften vorchristlichen Jahrhundert. Zweihundert Jahre später erscheint es uns so fremd, als käme er von einem anderen Stern. Dazu die Art des Dénouements: Emilia, noch nicht einmal verführt, muß um ihre Tugend bangen; ihr eigenes heißes Blut, so fürchtet sie, mag bewirken, daß sie zur Konkubine des Prinzen wird. Sie überredet ihren Vater, sie zu erstechen. Er tut's und schiebt dem Prinzen, mit Billigung des Autors, die Verantwortung zu.
Heißt es nicht das Schicksal herausfordern, wenn man solches der Gegenwart plausibel machen will? Irgend etwas aber muß Kortner an diesem Niederschlag einer abgelebten Vorstellungswelt gereizt haben – ein Substrat, was übrig bleibt, nachdem das Handlungsgerüst seiner Überwucherungen entledigt und freigelegt worden ist. Am besten destilliert man dies, wenn man seinen Strichen und Umstellungen nachgeht. In der Bearbeitung, der Aufbereitung des Textes liegt ja bei ihm bereits die halbe Regie.
[…] Den Schluß aber, jenen peinlichen fünften Akt, hat Kortner auf die vergleichsweise erträglichste Formel ge-

bracht. Emilia, in seelischen Aufruhr geraten, führt die Hand des Vaters, zwingt seinen Dolch gegen die eigene Brust – darin mehr der gleichfalls römischen Lucretia ähnlich, die von Tarquinius geschändet wurde und sich erstach, als der Verginia, die von ihrem Vater getötet wurde.
Was bleibt übrig, wenn das Rankenwerk gestutzt, die Intrige auf ein Minimum reduziert, der zitatgewordene Text – man horcht vergeblich nach Emilias Ausruf ›So werde die Haarnadel zum Dolche‹ – des allzu Zeitgebundenen entledigt wurde? Zwei entscheidende Elemente: die Chemie menschlicher Beziehungen und der gesellschaftliche Gärungsprozeß. Sieben Personen, Emilia, ihre Eltern, ihr Verlobter, der Prinz, seine Mätresse und sein Kammerherr sind in ein fein gesponnenes Netz von Zusammenhängen verstrickt. Dies auszuleuchten, mit Geduld und psychologischem Feingefühl, ist der eine Auftrag des Stückes. Der andere: den sich vorbereitenden Aufstand des Bürgers gegen Fürstenwillkür zu illustrieren, wie Lessing ihn, fünfzehn Jahre vor der Französischen Revolution, elf vor Schillers ›Kabale und Liebe‹, als eigentliches Demonstrationsobjekt seines Trauerspiels sah.«

Hilde Spiel: Ein Netz von Zusammenhängen. In: Frankfurter Allgemeine Zeitung. 4. Mai 1970. S. 11. – Mit Genehmigung der Frankfurter Allgemeinen Zeitung GmbH, Frankfurt am Main.

Der Göttinger Philologe Wilfried Barner (geb. 1937) zeigt in *Emilia Galotti* die ›produktive Seneca-Rezeption‹ von Lessing:

»Denn nicht nur pathetische Selbstaufreizung, Rache-Phantasie und weitausladende Schmerzäußerung sind charakteristisch für Senecas Tragödienstil, sondern ebenso – gewissermaßen als extremes Komplement – der knappe, hochgespannte, epigrammatisch ›witzige‹ Wortwechsel, dessen kaum übertroffener Meister im deutschsprachigen

Bereich Lessing war. Denkt man an die großen Dispute namentlich Marinellis (etwa II,10; IV,3/5; V,3), so ist sofort erkennbar, daß die ›höfische‹ Spielart des witzigen Wortgefechts von Lessing in keinem seiner Stücke so extensiv und so virtuos eingesetzt worden ist wie in der *Emilia Galotti.* Oder um ein spezielles Beispiel zu wählen: ein Vergleich zwischen der von Lessing herausgehobenen Stichomythie Lycus-Megara (*Hercules furens* V.421 ff.) und dem Dialog Marinelli-Odoardo (*Emilia* V,3) zeigt deutlich, in wie ähnlicher, lakonisch-›witziger‹ Weise hier die *constantia* der die Moralität vertretenden Person hervorgetrieben wird.

So auffällig und bedenkenswert derartige Stilkonvergenzen im einzelnen sein mögen, man wird sich gerade hier der Begrenztheit des Ausschnitts bewußt bleiben müssen und nur mit großer Behutsamkeit über einen – möglicherweise vielfach vermittelten und gebrochenen – ›Einfluß‹ Senecas reflektieren. Dies gilt auch etwa für den vielberedeten Sentenzenreichtum der *Emilia*, der so auffällig an den ›sententiösen‹ Tragiker Seneca erinnert. In *einem* Fall allerdings dürfte man, was die produktive Rezeption Senecas in der *Emilia* betrifft, vergleichsweise sicheren Boden betreten: bei der Person Orsinas, der ›Enkelin‹ Medeas. Im Zusammenhang der abstrakten Figurenkonstellation war von der Position Orsina/Marwood/Medea schon kurz die Rede. Wesentlich sind jetzt die Verschiebungen. Ist die Bühnenpräsenz der Marwood signifikant auf die drei mittleren Akte begrenzt, so die der Orsina auf einen einzigen Akt (IV,3–8). Aber auch die pragmatische Funktion dieser Figur für den Ausgang des Stücks hat sich verändert. Nicht sie gibt der Rivalin den Tod. Sie darf Odoardo nur den Dolch aufdrängen (IV,7), mit dem er sich rächen soll und mit dem er zuletzt seine eigene Tochter ersticht. Macht man sich diesen relativ geringen Spielraum der Orsina bewußt, dann ist man um so überraschter von ihrer theatralischen Wirkung. […]

Da […] das rein Staatspolitische und Revolutionäre des Virginia-Vorwurfs zugunsten der religiösen und bürgerlich-

psychologischen Thematik zurücktreten sollte, blieb auch Raum für eine Nachfahrin der Medea.
Sie im begrenzten Rahmen als solche kenntlich zu machen und pragmatisch zu legitimieren, ist die Aufgabe, die Lessing sich damit selbst stellt. Vorbereitet wird Orsinas Aufgabe, die Lessing sich damit selbst stellt. Vorbereitet wird Orsinas Auftreten von der ersten Szene an. Als sie endlich erscheint (IV,3 ff.), verfolgt sie vordergründig ihre Absicht, zum Prinzen vorzudringen. Zugleich leistet diese ›Philosophin‹ […], im Gespräch mit Marinelli, durch ihre Gedanken über den Zufall indirekt ihren Beitrag zur religiös-philosophischen Sinnerhellung des Stücks. Schon hier gibt sie einen überzeugenden Beweis ihrer Disputationskunst, die, wie bei Marwood, ein integrierender Bestandteil ihrer schauspielerischen Kunst ist. Wie Marwood ist diese Figur von Lessing auf Beherrschtheit, Steigerung und plötzlichen, ›rasenden‹ Ausbruch hin angelegt, und dies zusammengedrängt auf nicht mehr als vier Szenen. Dabei scheinen Orsinas ›emanzipatorische‹ Gedanken über die allgemeine Unterdrückung der Frau (IV,3) eher abzulenken. Aber gerade dies versteht Lessing auf versteckte Weise zur Konstituierung der Rolle zu benutzen, denn der Ansatz hierzu liegt bereits in der Medea-Tradition […].
In der *Emilia Galotti* hat die Beleidigte den Vater der Rivalin endlich so weit gebracht (IV,7), daß er zur Rache entschlossen ist. Er nimmt den Dolch, den sie ihm aufdrängt; und das Vertrauen, das er ihr schenkt […], nutzt sie für eine steigernde *adhortatio*; sie drängt ihn zur Tat, mit fast dem gleichen Argument, das später Emilia einsetzen wird […].
Daß das heroische Zitat im Ganzen der *Emilia Galotti* ebensowenig isoliert steht wie in der *Miß Sara Sampson*, deutete sich bereits an. War in dem ersten Trauerspiel vor allem die Rolle des ›Ungeheuers‹ Mellefont auf Marwood hin zugeschnitten, so bewegen sich in der *Emilia Galotti* zumindest zwei Personen auf Orsinas Ebene: Hettore, des-

sen Favoritin sie einmal war, und Marinelli, der ihrer spitzen Zunge zu begegnen versteht. Marinelli verkörpert im übrigen als Figur, was Orsina im Vergleich zu Marwood wenigstens ansatzweise noch spielen darf: die Intrigantenrolle. Aber auch zum Bereich der ›Bürgerlichen‹ steht die Gräfin keineswegs in unvereinbarem Gegensatz. Ihr zweiter Hauptgesprächspartner nach Marinelli ist Odoardo, und was bei dem ersten scheitert, gelingt ihr bei dem zweiten. […]
In der Leidenschaftlichkeit der Empörung ist ihr die schillernde Gestalt der Claudia fast noch näher, und die […] Tirade Orsinas gegen Ende des vierten Akts steht in kalkulierter Korrespondenz zum Ausbruch Claudias am Schluß des dritten Akts (III,8, gegenüber Marinelli) […].
Die psychologische, ›menschliche‹ Verständlichkeit der pathetischen Reaktion ist es, was über die ständischen Grenzen hinweg die beiden Figuren nach Lessings Intention verbinden soll. Ein Netz von Querverbindungen ist über das Stück gelegt. Zum ›Engel‹ Emilia allerdings steht Orsina ebenso konträr wie Marwood zu Sara. Das Resultat scheint paradox. Gerade diejenige Figur, bei der Lessings ›modernisierendes‹ Interesse angesetzt hatte (Virginia/Emilia), bleibt als ›Bürgerliche‹ gewissermaßen in einer heroischen Isolation.«

Wilfried Barner. Produktive Rezeption. Lessing und die Tragödien Senecas. München: Beck, 1973. S. 75f.; S. 77f.; S. 79f. –

VICTOR LANGE (1908–1996) verbindet *Emilia Galotti* mit Lessings dramentheoretischen Überlegungen und grenzt es, hinsichtlich der Standeszugehörigkeit der Figuren, von den Dramen der späteren ›Stürmer und Dränger‹ ab:

»In zwei weiteren Stücken, *Emilia Galotti* und *Nathan der Weise*, brachte Lessing seine kritische Theorie und seine dramatischen Fähigkeiten im Dienst einer aufgeklärten, humanen Gesellschaftstheorie auf einen Nenner. In *Emilia Galotti* […] sollte das Gefühl der ›Furcht‹, welches die *Hamburgische Dramaturgie* so eng mit dem ›Mitleid‹ als einer im Zuschauer auszulösenden Reaktion verknüpft hatte, durch die Einführung von Figuren hervorgerufen werden, die einigermaßen frei handeln, aber dennoch an den Moralkodex ihrer Klasse gebunden bleiben. Das Stück ist nicht, wie so viele Sturm-und-Drang-Erzeugnisse, die durch Lessings Tragödie beeinflußt wurden, ein Protest gegen den Mißbrauch von Macht, sondern die Anerkennung eines alles übergreifenden Instinktes für ein paternalistisches Ordnungssystem und eines damit durchaus zu vereinbarenden Willens, moralisch zu handeln. Lessings Gestalten sind hier, wie in all seinen Stücken, Vertreter gewisser verbindlicher gesellschaftlicher Positionen, niemals jene Außenseiter, die bald darauf das Sturm-und-Drang-Drama so schockierend und beunruhigend machen sollten.

[…] Der Schluß läßt sich nicht ganz leicht akzeptieren: in einer Hinsicht verteidigt er den patriarchalischen Familienkodex gegen den Despotismus; aber er mag auch, unter anderen Vorzeichen, zu verstehen geben, daß die Versuchungen, die Emilia fürchtet und gegen die sie, wie sie weiß, machtlos ist, nicht so sehr die privaten Absichten des Prinzen sind, als, biblisch gesprochen, die Versuchungen der Welt. Als sie keine Zuflucht mehr sieht, wo sie unanfällig für weltliche Verführungen sein kann, akzeptiert sie ihren Tod als das einzige Mittel, ihre Unverletzlichkeit zu bewahren. Das Ende bleibt trotz aller Kasuistik problematisch und künstlich; und gerade die mechanische Perfektion des Stückes hat manche Kritiker gestört: Friedrich Schlegel hielt es für ›ein großes Exempel der dramatischen Algebra‹.«

Victor Lange: Das klassische Zeitalter der deutschen Literatur 1740–1815. Übers. von Wilhelm Höck. München: Winkler, 1983. S. 44–46.

Der Literaturwissenschaftler Gisbert Ter-Nedden (geb. 1940) arbeitet u. a. eine positive Deutung der Figur der Claudia heraus:

»Lessing erweitert das Personal der Virginia-Geschichte – Vater, Tochter und Verlobter auf der einen, der Machthaber und seine Werkzeuge auf der anderen Seite – um zwei Frauen-Rollen: um die der Mutter Virginias und um die der Mätresse des Machthabers. Die beiden männlichen Protagonisten, der Tyrann und der Tugendheld, erhalten damit zwei weibliche Gegenspielerinnen. Das Drama *zwischen* den Parteien, der Kampf zweier in sich homogener Gruppen um das stumme Objekt und Opfer Virginia, erweitert und differenziert sich [...] durch die Konflikte *in* den nunmehr in sich heterogenen Parteien. Die Rolle der Mutter bietet sich an, wenn es darum geht, die Tat des Tugendhelden in Frage zu stellen, und die Rolle der verlassenen Geliebten ist dazu prädestiniert, gruppen-internen Widerstand gegen die Tat des Machthabers zu mobilisieren. Zugleich eröffnet die innere Differenzierung der Parteien die Möglichkeit zu gruppen-übergreifenden Koalitionsbildungen: die Mutter kann mit dem Machthaber, die Mätresse mit dem Tugendhelden paktieren.

In Lessings Konstellation spielt der Pakt zwischen der Mutter und dem Machthaber als Gegenstand des Argwohns auf der Seite des menschenhasserischen Tugendhelden und als Gegenstand der Hoffnung auf der Seite des menschenverachtenden Höflings eine Rolle. Indem Claudia die Hoffnungen des Höflings auf die nachdrücklichste Weise zunichte macht, erweist sich zugleich der Argwohn ihres Mannes noch einmal als blind und ungerecht. Der Pakt zwischen der Mätresse und dem Tugendhelden kommt tatsächlich zustande und entscheidet das Schicksal Emilias. Odoardo läßt sich nicht nur den Dolch, mit dem er Emilia tötet, von Orsina (wie die Regieanweisung vorschreibt) ›aufdrängen‹ (IV,7 [...]), sondern auch den Grund einreden, um dessentwillen er sie umbringt.

Orsina unterstellt, Emilia sei bereits so gut wie die neue Mätresse des Prinzen und damit ›schlimmer als tot‹. [...] Es gehört zu den ironischen Wendungen, die Lessing seiner Virginia-Version verleiht, daß ausgerechnet die verlassene Mätresse dem Tugendhelden als erste den Gedanken nahelegt, sein Kind umzubringen, weil es ›schlimmer als der Tod‹ sei, der Verführungsgewalt des Prinzen ausgesetzt zu sein.
Als dramatische Funktion der Gräfin Orsina gilt gemeinhin die Aufdeckung des Verbrechens und seiner Hintergründe. [...] Aber die Intrige wird zweimal aufgedeckt, das erste Mal von Claudia bereits am Ende des dritten Akts, die mit aller auch von Orsina nicht überbotenen Kompromißlosigkeit der Anklage und Schärfe der Kritik auf ihre Entdeckung reagiert. [...]
Weshalb dann diese Verdopplung? [...] Auch hier kommt es Lessing offenbar auf ein Spiel mit Variationen, Alternativen und perspektivischen Differenzen an, auf die je verschiedene Weise, in der Claudia, Orsina und schließlich Odoardo die Entdeckung des Verbrechens verarbeiten. Meine These lautet: Odoardo darf das Verbrechen nicht von Claudia, er muß es durch Orsina erfahren, weil aus Claudia hier die Stimme der Natur, Vernunft und Elternliebe spricht, aus Orsina hingegen die Stimme der verletzten Eigenliebe und der Rache. Der Mutter geht es bei aller Empörung über das Verbrechen letztlich um die Rettung ihres Kindes; Orsinas erklärte Absicht hingegen ist es, Odoardo um den Verstand zu bringen und zum Werkzeug ihrer Rache zu machen, während Claudia am Ende des vierten Akts noch einmal versucht, ihn wieder zur Vernunft zu bringen und zur Rettung des unschuldigen Kindes zu verpflichten. Und hier liegt die Funktion der Verdopplung: Orsina verkörpert den Grund der Heldentat, der in den konventionellen Verginia-Versionen verdeckt bleibt, und um dessen traditions- und moralkritische Aufhellung es Lessing geht; Claudia hingegen verdeutlicht durch ihre Reaktion die Alternative, für die Odoardo blind sein muß, um den Tochtermord begehen zu können.

[...] Wenn Claudia die höfische Sprache mit dem Argument kritisiert: ›Nichts klingt in dieser Sprache wie alles: und alles ist in ihr so viel wie nichts‹ (II,6 [...]), dann wird der üblichen Lesart, die den Hof als den Ort der Lüge identifiziert, schon dadurch vorgebaut, daß die Kritik der höfischen Sprache zur Rechtfertigung des Verschweigens dient. Die mit dem Hofkritik-Topos untermauerte Hoffnung, der Prinz habe nicht wahr gesprochen, wird von Claudia als Argument verwendet, um selbst die Wahrheit verschweigen zu dürfen; und die Furcht vor der Rede, der Mangel an Vertrauen, wird wiederum zurückgeführt auf erlittenes Mißtrauen. So kommt es, daß die Mutter die Tochter mit dem ›Gift‹ des Mißtrauens gegen den Bräutigam infiziert, so wie Orsina dem Odoardo den ›Tropfen‹ Gift des Mißtrauens gegen seine Tochter einflößt. Man sieht, wie methodisch Lessing daran arbeitet, die Interaktionsketten zu verlängern und einfache Schuldzuweisungen aufzuheben, um die konventionelle Hofkritik in ein universalistisches Konzept sozialer Konflikte zu transformieren.
[...] In Lessings Einfall, seinem Virginius den Dolch zum Kindsmord durch eine Medea-Figur aufdrängen zu lassen, sehe ich den deutlichsten Hinweis auf die traditionskritische Wendung, die er seiner modernisierten ›Virginia‹ verleiht. Das, was in der römisch-heroischen Tradition als exemplarische Tugendprobe gilt, enthüllt sich dem moral- und traditionskritisch geschärften Blick als die Tragödie einer selbstzerstörerischen Rache, wie sie die attische Tragödie in Gestalt der *Medea* exemplarisch durchgespielt hatte.
[...] Die beiden Frauen, die wahre Mutter Claudia und die Medea-Figur der Orsina, verdeutlichen die Alternative, vor die Odoardo am Ende sich gestellt sieht. Es ist eine Situation, die ihn dazu zwingt, zwischen der Rettung des Kindes und der Rache an seinem Feind zu wählen.«

Gisbert Ter-Nedden: Lessings Trauerspiele. Der Ursprung des modernen Dramas aus dem Geist der Kritik. Stuttgart: Metzler, 1986, S. 215 f., 218 f., 221, 228. – Mit Genehmigung von Gisbert Ter-Nedden, Hagen.

Alexander Košenina (geb. 1963) stellt einen Zusammenhang zwischen dem Gespräch über die Malerei und Lessings eigenen Ausführungen zur bildenden Kunst her:

»Körperausdruck *und* Sprache, Gebärde *und* Stimme, Malerei *und* Poesie, Sehen *und* Hören sind in jedem Falle die zusammenwirkenden wie sich wechselseitig korrigierenden Kräfte in diesem Trauerspiel. Dabei kommen nicht nur diese schauspieltechnischen Wirkungsmittel zum Einsatz, sondern sie werden selbst zum Gegenstand eines theoretischen Beitrags zur Verstellungs- und zur Schauspielkunst. Besonders interessant ist in diesem Zusammenhang der ästhetische Diskurs zwischen dem Prinzen und dem Maler Conti im ersten Aufzug, dessen Funktion innerhalb der Exposition manchen Zeitgenossen mit Ratlosigkeit erfüllte. Bereits mit der einleitenden Aufforderung Contis, ›die *Schranken* unserer Kunst [zu] erwägen [...]‹, wird deutlich, daß dieses Gespräch an Lessings ›Laokoon: oder über die Grenzen von Mahlerey und Poesie‹ (1766) anknüpft. Denn dort werden die in Contis *captatio benevolentiae* angespielten Mängel der bildenden Kunst bei der Nachahmung der lebendigen Urbilder der Natur (um die es dem Prinzen geht) systematisch erörtert. Im Gegensatz zur Poesie können in der Malerei nur Körper im Raum, keine Handlungen in der Zeit dargestellt werden. [...] Aufeinander folgende Zeichen der Schönheit haben [...] niemals die gleiche Wirkung wie nebeneinander angeordnete.
Lessing nutzt nun seine Überlegungen zur Ästhetik, um das für die tragische Verwicklung ausschlaggebende unbedingte Verlangen des Prinzen nach Emilia Galotti und seine gleichzeitig erkaltende Zuneigung für Orsina anschaulich zu machen. Dies geschieht nun vor den Augen der Zuschauer, indem zum ersten Mal in einem deutschen Drama ein Maler auf der Bühne seine Kunst präsentiert. [...]
Noch bevor die Person die Bühne betritt, gilt es die Vorstellung des Zuschauers von der Schönheit Emilias aus der Per-

spektive des Prinzen zu erregen, um so zu demonstrieren, daß dieser bereits vor Liebe zu erblinden droht. Jeder Versuch, diese Schönheit durch eine andere Person verbal beschreiben zu lassen und des Prinzen Reaktion darauf zu kontrollieren oder ihn selbst von Emilia schwärmen zu lassen, würde an die von Lessing bezeichneten Grenzen stoßen. Contis später folgende ›Enumeration‹ macht das überaus deutlich. Lessing bedient sich deshalb des Kunstgriffs, ein Gemälde vor dem Prinzen und damit zugleich vor dem Publikum erscheinen zu lassen.
[...] Ähnlich wie in ›Miß Sara Sampson‹ wird die Körpersprache in ›Emilia Galotti‹ gezielt zur aufklärerischen Kritik an der höfischen Verstellungskunst eingesetzt. Zugleich aber bleibt das Drama das beliebteste Anwendungsfeld dieser politischen Strategie, läßt sich doch gerade aus der Dissimulation und der Dechiffrierung einzelner Personen wertvolles dramatisches Kapital schlagen, das sich bei der Schürzung des tragischen Knotens gewinnträchtig anlegen läßt.«

Alexander Košenina: Anthropologie und Schauspielkunst. Studien zur ›eloquentia corporis‹ im 18. Jahrhundert. Tübingen: Niemeyer, 1995. S. 202f.; 204f.; 208. –

Die Literaturwissenschaftlerin Monika Fick (geb. 1958) verbindet den Todeswunsch der Emilia mit dem der Lukretia und deutet den Schluss des Dramas als kritische Replik Lessings auf die Märtyrertragödien:

»Eine besondere gedankliche Pointe der Darstellung der Leidenschaften und der Erregung des Mitleids liegt in der gezielten Antithese zur Märtyrertragödie. Emilia bezieht sich auf die Märtyrer-Jungfrauen als Vorbild: ›Nichts Schlimmers zu vermeiden, sprangen Tausende in die Fluten und sind Heilige!‹ [...] Sie zitiert mit diesem Satz Augustinus, aber sie zitiert ihn sinnentstellend. Augustinus begründet im ›Gottesstaat‹ das Selbstmordverbot auch im Falle der Vergewaltigung. Mit psychologischem ›Scharfblick‹ entdeckt er im Selbstmord der Frau (sein Beispiel ist Lukretia) das Eingeständnis der ›Mitschuld‹, das heißt der schamerregenden Lustempfindung. Der Selbstmord sei kein Ausweg, sondern vergrößere die Schuld, die nur im Leben abgebüßt werden könne. Das Beispiel der (wenigen!) Märtyrerinnen ist mit einem (gedanklichen) »Trotzdem« eingeleitet, Augustinus spricht von Ausnahmen. Die heiligen Jungfrauen demonstrieren mit ihrem Tod jedenfalls ihre Unverführbarkeit. [...] Emilias ›Schwachheit‹ ist das Produkt, das Resultat ihrer (religiösen) Erziehung. Emilia und ihr Vater als Gegenstand des Mitleids: Wo die Märtyrertragödie die Überwindung der menschlichen Natur feiert, zielt die Affektregie von Lessings Drama darauf, das Vertrauen in eben diese Natur zu stärken.«

Monika Fick: Lessing-Handbuch. Leben – Werk – Wirkung, Stuttgart: Metzler, 2000. S. 338f. –

Der Schriftsteller BOTHO STRAUSS (geb. 1944) wendet sich in seiner »Rede zur Verleihung des Lessingpreises 2001 der Stadt Hamburg« auch *Emilia Galotti* zu:

»Aber diese *Emilia* – nur kalt gedacht? So Goethe. Gemütlos? So Schlegel.
Vielleicht kein Werk aus tiefstem Seelengrund, der Französischen Klassik immer noch näher als dem bewunderten Shakespeare, aber dafür doch ein Drama des höchsten Affektrisikos, des existenzgefährdenden Temperaments. Das Werk im Übrigen weder eines Fürstenschmeichlers noch eines heimlichen Insurgenten. Und gerade das macht es im Innersten so aufrührerisch. Statt herrschaftskritischer Deklamationen eine Grundstimmung der Unruhe, der schnel-

len Reizbarkeit. Mit einigem Geschick ließe sich heute die alte Vorlage in ein historisch fast bezugloses, fast hermetisches Nervenspiel übertragen. In der stofflichen Hauptsache des Stücks wird ohnehin eher unbeholfen und kolportagehaft verhandelt. Der Prinz, selber zum Schurkenkartell gehörig, muss sich am Ende vor uns wie ein Unschuldiger, von Erschütterung bebend, zeigen. Emilia erhält in actu kaum Gelegenheit, etwas von dem zu bieten, was sie in effigie versprach zu sein. Nach der magischen Introduktion, ihrer Erscheinung auf dem Gemälde, dem begierdestiftenden Kunstwerk, folgt sogleich eine Tod und Fakten schaffende Räuberpistole. Ihr Opfer, Emilias Verlobter Appiani, eine von ihrem düsteren Vorgefühl geduckte Gestalt, muss sich dazu noch Gehör verschaffen mit dem unglücklichsten aller Auftrittssätze: ›Ah, meine Teuerste! – Ich war mir Sie in dem Vorzimmer nicht vermutend.‹

Auf dem Höhepunkt des Trauerspiels geschieht nichts mit Schicksalswucht oder Verhängniszwang, sondern es herrscht eine ungezügelte Nervosität. Aus dem Zentrum der Handlung entweicht das zentrale Personal, die ›Wahnwitzigen‹, also die, die ihren Verstand noch verlieren konnten, die Gräfin Orsina und Emilias Vater übernehmen die theatralische Macht. Die verstoßene Geliebte ist die favorisierte Bühnenrolle dieses Dramatikers. [...] Da sie vom Prinzen, den sie heimsucht, auf offener Bühne buchstäblich stehen gelassen wird, improvisiert sie über ihr beschädigtes Gefühl, ja, sie entfaltet – wenn es gut inszeniert wäre: zart und manisch zugleich – ihr ganzes inneres und äußeres Stehengelassensein. Ihre Laune bewegt sich dabei so sprunghaft und instabil, dass man zuweilen Richtung und Qualität ihrer Impulse kaum noch unterscheiden kann, als wechselten emotionale Elementarteilchen plötzlich ihre Ladung. Wer hier nur Gemütsalgebra und kalte Konstruktion erkennt, der weiß nicht, was die große Rolle für das Theater bedeutet und dass eine kunstvolle Bühnensprache über schöne Dichterworte hinausgehen muss. Und weiß nicht, dass eine solche Rolle, um ihre betörende irrationale Wirkung zu erzielen, auch zuerst rhetorisches Kalkül benötigt.«

Botho Strauß: Der Erste und der Letzte. Warum uns der große Lessing nicht mehr helfen kann. In: Die Zeit 37 (2001) S. 52. – Mit Genehmigung von Botho Strauß, Berlin.

VI. Literaturhinweise

1. Ausgaben

Trauerspiele von Gotthold Ephraim Lessing. Miß Sara Sampson. Philotas. Emilia Galotti. Berlin: Voß, 1772. [Enthält den Erstdruck der *Emilia Galotti.*]

Gotthold Ephraim Lessings sämtliche Schriften. Hrsg. von Karl Lachmann. 23 Bde. 3., aufs neue durchges. und verm. Aufl. besorgt durch Franz Muncker. Stuttgart/Leipzig/Berlin: Göschen / de Gruyter, 1886–1924. [Bd. 17–21: Briefe von und an Gotthold Ephraim Lessing.] – Unveränd. Nachdr. Berlin / New York: de Gruyter, 1979. [Zit. als: Schriften.]

Lessings Werke. Vollständige Ausgabe in 25 Teilen. Hrsg. von Julius Petersen und Waldemar von Olshausen. 20 Bde. Berlin [u. a.]: Bong, [1925–35]. – Reprogr. Nachdr. Hildesheim / New York: Olms, 1970. [Zit. als: Werke.]

Gotthold Ephraim Lessing: Werke. In Zusarb. mit Karl Eibl [u. a.] hrsg. von Herbert G. Göpfert. 8 Bde. München: Hanser, 1970–79.

Gotthold Ephraim Lessing: Werke und Briefe in 12 Bänden. Hrsg. von Wilfried Barner [u. a.]. Frankfurt a. M.: Deutscher Klassiker Verlag, 1985 ff.

2. Bibliographien

Albrecht, Wolfgang: Lessing-Forschung 1979–1983. Ein Literaturbericht auf der Grundlage ausgewählter Buchpublikationen aus der BRD und den USA [Forts.] 1984–88. Ein Literaturbericht auf Grundlage ausgewählter Publikationen. In: Weimarer Beiträge 31 (1985) S. 670–679; 36 (1990), S. 1164–1180.

Finken, Karl-Heinz: Lessing-Bibliographie 1979–1982. Veröffentlichungen in den Lessing-Jubiläumsjahren. In: Lessing Yearbook 17 (1985) S. 285–319.

Guthke, Karl S.: Der Stand der Lessing-Forschung. Ein Bericht über die Literatur von 1932–1962. Stuttgart 1965.

– Grundlagen der Lessing-Forschung. Neuere Ergebnisse, Probleme, Aufgaben. In: Wolfenbüttler Studien zur Aufklärung 2 (1975) S. 10–46.

Kuhles, Doris: Lessing-Bibliographie 1971–1985. Unter Mitarb. von E. von Wilamowitz-Moellendorff. Berlin/Weimar 1988.

Lessing-Bibliographie. Bearb. von Siegfried Seifert. Berlin/Weimar 1973.

Lessing Yearbook 1 (1969ff.). [Mit Bibliographien und aktuellen Rezensionen.]

Milde, Wolfgang: Gesamtverzeichnis der Lessing-Handschriften. Bd. 1. Heidelberg 1982.

Muncker, Franz: Gotthold Ephraim Lessing. [Bibliographie] In: Karl Goedecke: Grundriß zur Geschichte der deutschen Dichtung. Bd. 4. Abt.1. Dresden 1916. S. 303–473.

3. Dokumentationen

Biedermann, Flodoard Frh. von: Gotthold Ephraim Lessings Gespräche nebst sonstigen Zeugnissen aus seinem Umgang. Berlin 1924.

Braun, Julius W.: Lessing im Urtheile seiner Zeitgenossen. Zeitungsberichte, Kritiken und Notizen, Lessing und seine Werke betreffend, aus den Jahren 1747–1781. 3 Bde. Berlin 1884–97. [Zit. als: Braun.]

Danzel, Theodor Wilhelm / Guhrauer, Gottschalk Eduard: Gotthold Ephraim Lessing. Sein Leben und seine Werke. 3 Bde. Leipzig 1850–54. [Zit. als Danzel.]

Daunicht, Richard: Lessing im Gespräch: Berichte von Freunden und Zeitgenossen. München 1971.

Den einen Wahrheitssucher, den anderen Irreführer. Zeitschriftenmaterialien zur Wirkung Lessings im Jahrzehnt seines Todes. Zusammengestellt und kommentiert von Wolfgang Albrecht. In: Lessing Yearbook 23 (1991/92) S. 1–67.

Henning, Hans (Hrsg.): Lessings *Emilia Galotti* in der zeitgenössischen Rezeption. Leipzig 1981.

Lessing, Karl Gotthelf: Gotthold Ephraim Lessings Leben, nebst seinem übrigen literarischen Nachlasse. 3 Bde. Berlin 1793–95.

Lessing. Nachruf auf einen Aufklärer. Sein Bild in der Presse der Jahre 1781, 1881 und 1981. Hrsg. von Klaus Bohnen. München 1982.

Steinmetz, Horst: Lessing – ein unpoetischer Dichter, Dokumente aus drei Jahrhunderten zur Wirkungsgeschichte Lessings in Deutschland. Frankfurt a. M. / Bonn 1969.

4. Forschungsbeiträge

Albert, Claudia: Der melancholische Bürger. Ausbildung bürgerlicher Deutungsmuster im Trauerspiel Diderots und Lessings. Frankfurt a. M. [u. a.] 1982.
– Mit Mätressen streiten? In: Wolfram Mauser / Günter Saße (Hrsg.): Streitkultur. Strategien des Überzeugens im Werk Lessings, Tübingen 1993. S. 95–102.
Albrecht, Wolfgang: Gotthold Ephraim Lessing. Stuttgart [u. a.] 1997.
Altenhofer, Norbert: Gotthold Ephraim Lessing. In: Deutsche Dichter. Leben und Werk deutschsprachiger Autoren. Hrsg. von Gunter E. Grimm und Frank Rainer Max. Bd. 3: Aufklärung und Empfindsamkeit. Stuttgart 1988. S. 184–232.
Angress, Ruth K. [d. i. Ruth Klüger]: The Generations in *Emilia Galotti*. In: The Germanic Review 43 (1968). S. 15–23.
Bark, Joachim: Gotthold Ephraim Lessing. Leben und Werk. Stuttgart 1986.
Barner, Wilfried: Produktive Rezeption. Lessing und die Tragödien Senecas. München 1973.
– Lessing als Dramatiker. In: Aufklärung in Deutschland. Hrsg. von Paul Raabe und Wilhelm Schmidt-Biggemann. Bonn 1979. S. 111–138.
– »Zu viel Thränen – nur Keime von Thränen«. Über *Miß Sara Sampson* und *Emilia Galotti* beim zeitgenössischen Publikum. In: Das weinende Saeculum. Collegium der Arbeitsstelle 18. Jahrhundert […] 7.–9. Oktober 1981. Heidelberg 1983. S. 89–105.
– [u. a.] (Hrsg.): Nation und Gelehrtenrepublik. Lessing im europäischen Zusammenhang. Beiträge zur internationalen Tagung der Lessing Society […]. München. 1984.
– [u. a.] (Hrsg.): Lessing. Epoche – Werk – Wirkung. München 1975. (5., neu bearb. Aufl. 1987; [6]1998.)
– Wirkung und Wechselwirkung. Lessing in der Weltliteratur. In. Lessing Yearbook 32 (2000) S. 31–55.
Bauer, Gerhard: Gotthold Ephraim Lessing. *Emilia Galotti*. München 1987.
Birus, Hendrik: Poetische Namensgebung. Zur Bedeutung der Namen in Lessings *Nathan der Weise*. Göttingen 1978.
Bohnen, Klaus: [Nachwort zu:] Gotthold Ephraim Lessing Werke

1770–1773. Frankfurt a. M. 2000. (Werke und Briefe in 12 Bänden, hrsg. von Wilfried Barner [u. a.], Frankfurt a. M.: 1985 ff., Bd. 7, S. 828–871.)

Bollacher, Martin: Tradition und Selbstbestimmung. Lessings *Emilia Galotti* in geistesgeschichtlicher Perspektive. In: Literaturwissenschaft und Geistesgeschichte. Fs. für Richard Brinkmann. Hrsg. von einem Red.-Kollegium. Tübingen 1981. S. 99–118.

Braendlein, Hans P.: The Dilemma of Luxury and the Ironic Structures of Lessing's *Emilia Galotti* and Lenz' *The Soldiers*. In: Studies on Voltaire and the Eighteenth Century 151 (1976) S. 353–362.

Briegleb, Klaus: Lessings Anfänge. 1742–1746. Zur Grundlegung kritischer Sprachdemokratie. Frankfurt a. M. 1971.

Brown, Christiane: »Der widerwärtige Mißbrauch der Macht« oder »Die Verwandlungen der Leidenschaften in tugendhafte Fertigkeiten« in Lessings *Emilia Galotti*. In: Lessing Yearbook 17 (1985) S. 21–43.

Denneler, Iris: »Das einzige Wort!« – »Buchstabieren Sie es zusammen!« Ein Versuch, *Emilia Galotti* neu zu lesen. In: Germanisch Romanische Monatsschrift N. F. 37 (1987) S. 36–51.

Drews, Wolfgang: Gotthold Ephraim Lessing in Selbstzeugnissen und Bilddokumenten. Reinbek bei Hamburg 1962. (^{25}1997.)

Durzak, Manfred: Das Gesellschaftsbild in Lessings *Emilia Galotti*. In: Lessing Yearbook 1 (1969) S. 11–20.

Fick, Monika: Sinnlichkeit und Vernunft. Ein ungeklärtes Verhältnis. Wichtige Publikationen zu Lessings bürgerlichem Trauerspiel. In: Diskussion Deutsch 131 (1993) 222–227.

– Verworrene Perzeptionen. Lessings *Emilia Galotti*. In: Jahrbuch der deutschen Schillergesellschaft 37 (1993) S. 139–163.

– Lessing-Handbuch. Leben – Werk – Wirkung. Stuttgart [u. a.] 2000.

Friedrich, Hugo: Lessings Kritik und Mißverständnis der französischen Klassik. In: Zeitschrift für deutsche Bildung 7 (1931) S. 601–611.

Graf, Ruedi: Utopie und Theater. Physiognomik, Pathognomik, Mimik und die Reform von Schauspielkunst und Drama im 18. Jahrhundert. In: Wolfram Groddeck / Ulrich Stadler (Hrsg.): Physiognomie und Pathognomie. Zur literarischen Darstellung von Individualität. Fs. für Karl Pestalozzi. Berlin [u. a.] 1994. S. 16–33.

Greis, Jutta: Drama Liebe. Zur Entstehungsgeschichte der modernen Liebe im Drama des 18. Jahrhunderts. Stuttgart 1991.

Grimm, Gunter E.: Die zeitgenössische Rezeption von Lessings *Emilia Galotti*. In: G. E. G.: Rezeptionsgeschichte. Grundlegung einer Theorie. Mit Analysen und Bibliographie. München 1977. S. 126–183; 322–329.

– Lessing oder Die Freiheit eines unfreien Schriftstellers. In: G. E. G. (Hrsg.): Metamorphosen des Dichters. Frankfurt a. M. 1992. S. 50–66.

– Botschaften der Einsamkeit – Briefe Lessings aus Wolfenbüttel. In: Lessing Yearbook 30 (1998) S. 141–147.

Guthke, Karl: Das deutsche bürgerliche Trauerspiel. Stuttgart ^{4}1984.

– Lessings Rezensionen. Besuch in einem Kartenhaus. In: Jahrbuch des Freien Deutschen Hochstifts 1993. S. 1–59.

Hauenherm, Eckhard: Pragmalinguistische Aspekte des dramatischen Dialogs: dialoganalytische Untersuchungen zu Gottscheds *Sterbender Cato*, Lessings *Emilia Galotti* und Schillers *Die Räuber*. Frankfurt a. M. [u. a.] 2002.

Hildebrandt, Dieter: Lessing. Biographie einer Emanzipation. München/Wien 1979.

Hillen, Gerd: Die Halsstarrigkeit der Tugend. Bemerkungen zu Lessings Trauerspielen. In: Lessing Yearbook 2 (1970) S. 115–134.

Hillmann, Heinz: Ungerechte Obrigkeit und Widerstandsrecht im Absolutismus. Von Lessings *Samuel Heinzi* zur *Emilia Galotti*. In: Arno Herzig [u. a.] (Hrsg.): »Sie, und nicht wir.« Die Französische Revolution und ihre Wirkung auf Norddeutschland und das Reich. Bd. 1. S. 87–106.

Janz, Rolf-Peter: »Sie ist die Schande ihres Geschlechts«. Die Figur der femme fatale bei Lessing. In: Jahrbuch der deutschen Schillergesellschaft 23 (1979) S. 207–221.

Jasper, Willi: Lessing. Aufklärer und Judenfreund. Berlin/München 2001.

Jung, Werner: Lessing zur Einführung. Hamburg 2001.

Jung-Hoffmann, Christina: Politik und Moral in Lessings *Emilia Galotti*. In: Literatur für Leser 1 (1987) S. 229–248.

Kaarsberg Wallach, Martha: Emilia und ihre Schwestern. In: Helga Kraft / Elke Liebs (Hrsg.): Mütter – Töchter – Frauen. Weiblichkeitsbilder in der Literatur. Stuttgart 1993. S. 53–72.

Kiesel, Helmuth: »Bei Hof, bei Höll«. Untersuchungen zur literarischen Hofkritik von Sebastian Brant bis Friedrich Schiller. Tübingen 1979.

Kittler, Friedrich A.: »Erziehung ist Offenbarung«. Zur Struktur der Familie in Lessings Dramen. In: Jahrbuch der deutschen Schillergesellschaft 21 (1977) S. 111–137.

Klemme, Hans-Peter: Nach dem Vorhang. *Emilia Galotti* und Lessings Dramaturgie der kritischen Reflexion. Hannover 2000.

Kommerell, Max: Lessing und Aristoteles. Untersuchungen über die Theorie der Tragödie. Frankfurt a. M. 1940. (5. Aufl. 1984, mit Berichtigungen und Nachweisen, Frankfurt a. M. 1984.)

Košenina, Alexander: Anthropologie und Schauspielkunst. Studien zur ›eloquentia corporis‹ im 18. Jahrhundert. Tübingen 1995.

Kublitz, Maria: Maskierungen des weiblichen Sprechens. Eine feministische Lesart der *Emilia Galotti.* In: Diskussion Deutsch 20/105 (1989) S. 4–18.

Lamport, Francis John: The Death of *Emilia Galotti* – A Reconsideration. In: German Life and Letters 44/1 (1990) S. 25–34.

Lohmeier, Anke-Marie: Tragödie und Theodizee. Neues Altes über Lessings Trauerspielpoetik. In: Sabine Doering [u. a.] (Hrsg.): Resonanzen. Fs. für Hans Joachim Kreuzer. Würzburg 2000. S. 83–98.

Lützeler, Paul Michael: Die marxistische Lessing-Rezeption. Darstellung und Kritik am Beispiel der *Emilia Galotti*-Interpretationen in der DDR. In: Lessing Yearbook 8 (1976) S. 42–60.

– Gotthold Ephraim Lessing: *Emilia Galotti* (1772). In: P. M. L.: Geschichte in der Literatur. Studien zu Werken von Lessing bis Hebbel. München/Zürich 1987. S. 15–39.

Luserke, Matthias: »Wir führen Kriege, lieber Lessing«. Die Form des Streitens um die richtige Katharsisdeutung zwischen Lessing, Mendelssohn und Nicolai im Briefwechsel über das Trauerspiel. In: Wolfram Mauser / Günter Saße: Streitkulturen. Strategien des Überzeugens im Werk Lessings. Tübingen 1993. S. 322–331.

Mauser, Wolfram: »Ich stehe für nichts«. Zur Uraufführung von G. E. Lessings *Emilia Galotti* am Hoftheater zu Braunschweig. In: Gerd Biegel (Hrsg.): Lessing in Braunschweig und Wolfenbüttel. Braunschweig 1997. S. 111–123.

Mehring, Franz: Die Lessing-Legende. Eine Rettung. Stuttgart 1893. [Neudr. Berlin 1963].

Meier, Albert: Die Interessantheit der Könige. Der Streit um *Emilia Galotti* zwischen Anton von Klein, Johann Friedrich Schink und Cornelius Hermann von Ayrenhoff. In: Wolfram Mauser / Günter Saße (Hrsg.): Streitkultur. Strategien des Überzeugens im Werk Lessings. Tübingen 1993. S. 363–372.

– Dramaturgie der Bewunderung. Untersuchungen zur politisch-klassizistischen Tragödie des 18. Jahrhunderts. Frankfurt a. M. 1993.

Meyer, Reinhart: *Hamburgische Dramaturgie* und *Emilia Galotti*. Studie zu einer Methodik des wissenschaftlichen Zitierens entwickelt am Problem des Verhältnisses von Dramentheorie und Trauerspiel bei Lessing. Wiesbaden / Frankfurt a. M. 1973.

Meyer-Kalkus, Reinhart: Schreit Laokoon? Zur Diskussion pathetisch-erhabener Darstellungsformen im 18. Jahrhundert. In: Gérard Raulet (Hrsg.): Von der Rhetorik zur Ästhetik. Studien zur Entstehung der modernen Ästhetik im 18. Jahrhundert. Rennes 1995. S. 67–110.

– Die Rückkehr des grausamen Todes. Sterbeszenen im Drama des 18. Jahrhunderts. In: Zeitschrift für Religion und Geistesgeschichte 50/2 (1998) S. 97–114.

Michelsen, Peter: Die Erregung des Mitleids durch die Tragödie. Zu Lessings Ansichten über das Trauerspiel im Briefwechsel mit Mendelssohn und Nicolai. In: Deutsche Vierteljahrsschrift für Literaturwissenschaft und Geistesgeschichte 40 (1966) S. 548–566.

– Der unruhige Bürger. Studien zu Lessing und zur Literatur des 18. Jahrhunderts. Würzburg 1990.

Mönch, Cornelia: Abschrecken oder Mitleiden. Das deutsche bürgerliche Trauerspiel im 18. Jahrhundert. Versuch einer Typologie. Tübingen 1993.

Morris, Irene: The Symbol of the Rose. A Baroque Echo in *Emilia Galotti*. Publications of the English Goethe Society 64 (1996) S. 53–71.

Müller, Klaus-Detlef: Das Erbe der Komödie im bürgerlichen Trauerspiel. Lessings *Emilia Galotti* und die commedia dell'arte. In: Deutsche Vierteljahrsschrift für Literaturwissenschaft und Geistesgeschichte 46/2 (1973) S. 28–60.

– [Nachwort zu:] Das Theater des Herrn Diderot. Aus dem Französischen von Gotthold Ephraim Lessing. Stuttgart 1986. S. 425–456.

– Das Virginia-Motiv in Lessings *Emilia Galotti.* Anmerkungen zum Strukturwandel der Öffentlichkeit. In: Orbis Litterarum 42 (1987) S. 305–316.

Nagel, Ivan: Selbstmord und Emanzipation. Über Augustins Lucretia und Lessings Emilia. In: I. N.: Gedankengänge als Lebensläufe. Versuche über das 18. Jahrhundert. München 1987. S. 69–76.

Nölle, Volker: Ein Maler und sein kolossales Bild. Alternative Überlegungen zu einer *Emilia Galotti*-Inszenierung. In: Begegnungen. Facetten eines Jahrhunderts. Helmut Kreuzer zum 70. Geburtstag. Hrsg. von Doris Rosenstein und Anja Kreutz. Siegen 1997. S. 287–294.

Nolting, Winfried: Die Dialektik der Empfindung. Lessings Trauerspiele *Miß Sara Sampson* und *Emilia Galotti.* Stuttgart 1986.

Pikulik, Lothar: Bürgerliches Trauerspiel und Empfindsamkeit. Köln [u. a.] 1966.

Pracht-Fitzell, Ilse: Blendung und Wandlung. Lessings Dramen in psychologischer Sicht. New York [u. a.] 1993.

Prutti, Brigitte: Bild und Körper. Weibliche Präsenz und Geschlechterbeziehungen in Lessings Dramen: *Emilia Galotti* und *Minna von Barnhelm.* Würzburg 1996.

– ›Coup de Théâtre – Coup de Femme‹ or: What is Lessing's *Emilia Galotti* dying from? In: Lessing Yearbook 26 (1994) S. 1–28.

Purkl, Roland: Gestik und Mimik in Lessings bürgerlichen Trauerspielen *Miß Sara Sampson* und *Emilia Galotti.* Diss. [Masch.] Heidelberg 1979.

Reh, Albert M.: Die Rettung der Menschlichkeit. Lessings Dramen in literaturpsychologischer Sicht. Bern/München 1981.

– *Emilia Galotti* – »großes Exempel der dramatischen Algebra« oder »Algebra der Ambivalenz«? In: Lessing Yearbook 17 (1985) S. 45–64.

Roetzel, Lisa C.: Aesthetic Experience as Imaginary Experience. Masculinity and the Regulation of Sentiments in *Emilia Galotti.* In: Lessing Yearbook 28 (1997) S. 83–104.

Rüskamp, Wulf: Dramaturgie ohne Publikum. Lessings Dramentheorie und die zeitgenössische Rezeption von *Minna von Barnhelm* und *Emilia Galotti.* Ein Beitrag zur Geschichte des deutschen Theaters und seines Publikums. Köln/Wien 1984.

Sanna, Simonetta: Lessings *Emilia Galotti.* Die Figuren des Dramas im Spannungsfeld von Moral und Politik. Tübingen 1988.

Sanna, Simonetta: Von *Miß Sara Sampson* zu *Emilia Galotti.* Die Formen des Medea-Mythos im Lessingschen Theater. In: Lessing Yearbook 24 (1992) S. 45–76.

Saße, Günter: Die aufgeklärte Familie. Untersuchungen zu Genese, Funktion und Realitätsbezogenheit des familialen Wertesystems im Drama der Aufklärung. Tübingen 1988.

– Das Besondere und das Allgemeine. Lessings Auseinandersetzung mit Diderot über Wahrheit und Wirkung des Dramas. In: Ortrud Gutjahr [u. a.] (Hrsg.): Gesellige Vernunft. Würzburg 1993. Fs. für Wolfram Mauser. S. 263–276.

Schadewaldt, Wolfgang: Furcht und Mitleid? Zu Lessings Deutung des Aristotelischen Tragödiensatzes. In: W. Sch.: Hellas und Hesperien. Gesammelte Schriften zur Antike und zur neueren Literatur. Zürich 1960. S. 346–388.

Schenkel, Martin: »Wer über gewisse Dinge keinen Verstand nicht verlieret, der hat keinen zu verlieren.« Zur Dialektik der bürgerlichen Aufklärung in Lessings *Emilia Galotti.* In: Zeitschrift für deutsche Philologie 105 (1986) S. 161–186.

Scherpe, Klaus R.: Historische Wahrheit auf Lessings Theater, besonders im Trauerspiel *Emilia Galotti.* In: Edward P. Harris / Richard E. Schade (Hrsg.): Lessing in heutiger Sicht. Beiträge zur Internationalen Lessing-Konferenz Cincinatti (Ohio) 1976. Wolfenbüttel 1977. S. 259–277.

Schings, Hans-Jürgen: Mitleid und bürgerliches Trauerspiel: Der Disput zwischen Lessing und Mendelssohn. In: H.-J. Sch.: »Der mitleidigste Mensch ist der beste Mensch«. Poetik des Mitleids von Lessing bis Büchner. München 1980. S. 34–45.

Schmitt-Sasse, Joachim: Das Opfer der Tugend. Zu Lessings *Emilia Galotti* und einer Literaturgeschichte der »Vorstellungskomplexe« im 18. Jahrhundert. Bonn 1983.

Schulte-Sasse, Jochen: Literarische Struktur und historisch-sozialer Kontext. Zum Beispiel Lessings *Emilia Galotti.* Paderborn 1975.

Schulz, Georg Michael: Tugend, Gewalt und Tod. Das Trauerspiel der Aufklärung und die Dramaturgie des Pathetischen und des Erhabenen. Tübingen 1988.

Seeba, Hinrich C.: Die Liebe zur Sache. Öffentliches und privates Interesse in Lessings Dramen. Tübingen 1973.

Sørensen, Bengt Algot: Herrschaft und Zärtlichkeit. Der Patriarchalismus und das Drama im 18. Jahrhundert. München 1984.

Steinmetz, Horst: *Emilia Galotti*. In: Lessings Dramen. Interpretationen. Stuttgart 1987. S. 87–137.
– Verstehen, Mißverstehen, Nichtverstehen. Zum Problem der Interpretation, vornehmlich am Beispiel von Lessings *Emilia Galotti*. In: Germanisch Romanische Monatsschrift N. F. 37 (1987) S. 387–398.
Stern, Martin: »Kein Dolchstoß ins Herz des Absolutismus«. Überlegungen zum bürgerlichen Trauerspiel anhand von Lessings *Emilia Galotti* und Schillers *Kabale und Liebe*. In: Roland Krebs / Jean Marie Valentin (Hrsg.): Théâtre, nation et societé. Nancy 1990. S. 91–106.
Stockum, Theodorus Cornelis van: Lessing und Diderot. In. Neophilologicus 39 (1955) S. 191–202.
Strohschneider-Kohrs, Ingrid: Vernunft als Weisheit. Studien zum späten Lessing. Tübingen 1991.
Szondi, Peter: Die Theorie des bürgerlichen Trauerspiels. Frankfurt a. M. 1973.
Ter Nedden, Gisbert: Lessings Trauerspiele. Der Ursprung des modernen Dramas aus dem Geist der Kritik. Stuttgart 1986.
Turk, Horst: Handlung in Gesprächen oder Gespräch in Handlungen? Zum Problem der Konfliktfähigkeit in Lessings Dramen. In: Wolfram Mauser / Günter Saße: Streitkulturen. Strategien des Überzeugens im Werk Lessings. Tübingen 1993. S. 520–529.
Unger, Thorsten: »Es ist theatralischer Unsinn.« Die *Emilia Galotti*-Lektüre des Prinzen August von Sachsen-Gotha und Altenburg. In: Lessing Yearbook 31 (1999) S. 11–37.
Valentin, Jean-Marie: Lessing et le Théâtre Français dans la ›Dramaturgie de Hambourg‹. Système des Genres et Renouveau de la Comédie. In: Jean Moes / Jean-Marie Valentin (Hrsg.): De Lessing à Heine. Un siècle de relations littéraires et intellectuelles entre la France et l'Allemagne. Paris 1985. S. 31–59.
Weber, Peter: Lessing *Emilia Galotti*. Zur Poetologie eines ›unpoetischen‹ Dichters. In: Weimarer Beiträge 27/9 (1981) S. 57–73.
Weimar, Klaus: ›Bürgerliches Trauerspiel‹. Eine Begriffserklärung im Hinblick auf Lessing. In: Deutsche Vierteljahrsschrift für Literaturwissenschaft und Geistesgeschichte 51 (1977) S. 208–221.
Wiedemann, Conrad: [Art.] Gotthold Ephraim Lessing. In: Literaturlexikon. Autoren und Werke deutscher Sprache. Hrsg. von Walter Killy. Gütersloh/München 1990. Bd. 7. S. 241–248.

Wierlacher, Alois: Das bürgerliche Drama. Seine theoretische Begründung im 18. Jahrhundert. München 1968.
– Das Haus der Freude oder Warum stirbt Emilia Galotti? In: Lessing Yearbook 5 (1973) S. 147–162.
Wild, Christopher: Der theatralische Schleier des Hymens. Lessings bürgerliches Trauerspiel *Emilia Galotti.* In: Deutsche Vierteljahrsschrift für Literaturwissenschaft und Geistesgeschichte 74/2 (2000) S. 189–221.
de Wild, Henk: Tradition und Neubeginn. Lessings Orientierung an der europäischen Tradition. Amsterdam 1986.
Witte, Bernd: Die Paradoxien der Aufklärung. Gotthold Ephraim Lessings Trauerspiel *Emilia Galotti.* In: Gerhard Rupp (Hrsg.): Klassiker der deutschen Literatur. Epochen-Signaturen von der Aufklärung bis zur Gegenwart. Würzburg 1999. S. 18–39.
– Iphigenie und Emilia. Kleine Etude über die Unvernunft der Aufklärung. In: Literatur in der Gesellschaft. Fs. für Theo Buck zum 60. Geburtstag. Hrsg. von Frank-Rutger Hausmann [u. a.]. Tübingen 1990. S. 117–132.
Wittkowski, Wolfgang: Bürgerfreiheit oder -feigheit? Die Metapher des ›langen Weges‹ als Schlüssel zum Koordinatensystem in Lessings politischem Trauerspiel *Emilia Galotti.* In: Lessing Yearbook 17 (1985) S. 65–87.
Wosgien, Gerlinde Anna: Literarische Frauenbilder von Lessing bis zum Sturm und Drang. Ihre Entwicklung unter dem Einfluss Rousseaus. Frankfurt a. M. [u. a.] 1999.
Wurst, Karin A.: Abwesenheit – Schweigen – Tötung: Lessings Funktionalisierung literarischer Klischees. In: Orbis Litterarum 45 (1990). S. 113–127.
– Familiale Liebe ist die »wahre Gewalt«. Die Repräsentation der Familie in G. E. Lessings dramatischem Werk. Amsterdam 1988.

4. Hilfsmittel

Adelung, Johann Christoph: Versuch eines vollständigen grammatisch-kritischen Wörterbuches der Hochdeutschen Mundart mit beständiger Vergleichung der übrigen Mundarten, besonders aber der Oberdeutschen. 5 Bde. Leipzig 1774–86.
Bachmann-Medick, Doris: Die ästhetische Ordnung des Handelns. Moralphilosophie und Ästhetik in der Popularphilosophie des 18. Jahrhunderts. Stuttgart 1989.

Frevert, Ute: Ehrenmänner. Das Duell in der bürgerlichen Gesellschaft, München 1991.
Galinsky, Hans: Der Lucretia-Stoff in der Weltliteratur. Breslau 1932.
Hederich, Benjamin: Gründliches Lexicon Mythologicum [...]. Leipzig 1741.
Henkel, Arthur / Schöne, Albrecht: Emblemata. Handbuch zur Sinnbildkunst des XVI. und XVII. Jahrhunderts. Stuttgart 1978.
Kaufmann, Ekkehard: [Art.]: ›Frauenraub‹ in: Handwörterbuch zur deutschen Rechtsgeschichte. Berlin 1984. Bd. 1, Sp.1212f.
Moorman Eric M. / Uitterhoeve, Wilfried: Lexikon der antiken Gestalten. Mit ihrem Nachleben in Kunst, Dichtung und Musik. Übers. von Marinus Pütz. Stuttgart 1995.
Roche, Daniel: La culture des apparences. Une histoire du vêtement (XVIIe – XVIIIe siècle). Paris 1989.
Röttenbacher, Leonhard: Die französischen Virginia-Dramen mit Einschluß des Montiano, Alfieri und von Ayrenhoff. Dessau 1908.
Wesel, Uwe: Geschichte des Rechts. Von den Frühformen bis zum Vertrag von Maastricht, München 1997.
Zedler, Johann Heinrich: Grosses Vollständiges Universal-Lexikon. 64 Bde. Leipzig 1732–54.

VII. Abbildungsnachweis

4 Anton Graff: Gotthold Ephraim Lessing, Öl auf Leinwand, um 1770 (Herzog August Bibliothek, Wolfenbüttel). – Aus: Gero von Wilpert: Deutsche Literatur in Bildern. 2., erw. Aufl. Stuttgart: Kröner, 1965. S. 150.

7 Illustration zu *Emilia Galotti* (I,4), Kupferstich von Johann Wilhelm Meil (1733–1805). – Aus: Kurt Wölfel (Hrsg.): Lessings Leben und Werk in Daten und Bildern. Zus. gest. und erl. von Bodo Lecke. Frankfurt a.M.: Insel Verlag, 1967. Abb. 236.

36 Beginn des ersten Aufzugs in der Handschrift Lessings. – Aus: Bilderatlas zur Geschichte der deutschen Nationalliteratur. Nach den Quellen bearb. von Gustav Könnekcke. 2., verb. und verm. Aufl. Marburg: Elwert, 1895. S. 238.

51 Anna Rosina de Gasc (d. i. A. R. von Lisiewski, 1713–1783): Herzogin Philippine Charlotte von Braunschweig und Lüneburg, Öl auf Leinwand (Herzog August Bibliothek, Wolfenbüttel). – Aus: Kurt Wölfel (Hrsg.): Lessings Leben und Werk in Daten und Bildern. Zus. gest. und erl. von Bodo Lecke. Frankfurt a.M.: Insel Verlag, 1967. Abb. 239.

54 Titelseite eines der vier Drucke von 1772. – Aus: Bilderatlas zur Geschichte der deutschen Nationalliteratur. Nach den Quellen berab. von Gustav Könnekcke. 2., verb. und verm. Aufl. Marburg: Elwert, 1895. S, 238.

75 Theaterzettel der Braunschweiger Uraufführung (Wien, Österreichische Nationalbibliothek). – Aus: Kurt Wölfel (Hrsg.): Lessings Leben und Werk in Daten und Bildern. Zus. gest. und erl. von Bodo Lecke. Frankfurt a.M.: Insel Verlag, 1967. Abb. 238.

77 Daniel Berger: Der Schauspieler Carl Theodor Döbbelin, Kupferstich nach einer Zeichnung von Daniel Chodowiecki, 1779. – Aus: Gotthold Ephraim Lessing. Mit Selbsterzeugnissen und Bilddokumenten dargest. von Wolfgang Drews. Reinbek bei Hamburg: Rowohlt, [27]2001. S. 142.

99 Johann Friedrich Bolt: Odoardo ersticht Emilia, Punktierstich nach Hans Veit Schnorr von Carolsfeld, 1803. – Aus: Gero von Wilpert: Deutsche Literatur in Bildern. 2., erw. Aufl. Stuttgart: Kröner, 1965. S. 151.

Der Verlag Philipp Reclam jun. dankt für die Nachdruck- und Reproduktionsgenehmigung den Rechteinhabern, die durch den Text- bzw. Abbildungsnachweis bezeichnet sind. Die genauen Quellennachweise der Texte finden sich jeweils unter den Zitaten. In einigen Fällen waren die Inhaber der Rechte nicht festzustellen. Hier ist der Verlag bereit, nach Anforderung rechtmäßige Ansprüche abzugelten.